APOLOGIA DE SÓCRATES

precedido de

SOBRE A PIEDADE (Êutifron)

e seguido de

SOBRE O DEVER (Críton)

Livros do autor na Coleção **L&PM** POCKET

Apologia de Sócrates precedido de *Sobre a piedade (Êutifron)* e seguido de *Sobre o dever (Críton)*
O banquete
Sobre a inspiração poética (Íon) & Sobre a mentira (Hípias Menor)

PLATÃO

APOLOGIA DE SÓCRATES

precedido de

SOBRE A PIEDADE (Êutifron)

e seguido de

SOBRE O DEVER (Críton)

Introdução, tradução do grego e notas de
ANDRÉ MALTA

www.lpm.com.br
L&PM POCKET

Coleção **L&PM** POCKET, vol. 701

Texto de acordo com a nova ortografia.

Título original: ΕΥΘΥΦΡΩΝ, ΑΠΟΛΟΓΙΑ ΣΩΚΡΑΤΟΥΣ *e* ΚΡΙΤΩΝ

Primeira edição na Coleção **L&PM** POCKET: maio de 2008
Esta reimpressão: setembro de 2025

Introdução, tradução do grego e notas: André Malta
Capa: Ivan Pinheiro Machado sobre *Escultura em mármore de Sócrates* (469 a.C.-399 a.C.), na Academia de Ciências de Atenas (Akg-images / John Hios)
Preparação: Patrícia Rocha
Revisão: Jó Saldanha

CIP-Brasil. Catalogação na Publicação
Sindicato Nacional dos Editores de Livros, RJ

P777a

Platão, 427-347 a.C.
Apologia de Sócrates precedido de Êutifron (Sobre a piedade) e seguido de Críton (Sobre o dever) / Platão; introdução, tradução do grego e notas de André Malta. – Porto Alegre, RS: L&PM, 2025.
144p. : (L&PM POCKET; v. 701)

Tradução do original grego
ISBN 978-85-254-1767-1

1. Sócrates. 2. Filosofia antiga. I. Malta, André. II. Título. III. Título: Êutifron (Sobre a piedade). IV. Título: Críton (Sobre o dever). V. Série.

08-1444. CDD: 184
CDU: 1(38)

Rua Comendador Coruja, 314, loja 9 – Floresta – 90.220-180
Porto Alegre – RS – Brasil / Fone: 51.3225.5777

Pedidos & Depto. Comercial: vendas@lpm.com.br
Fale conosco: info@lpm.com.br
www.lpm.com.br

Impresso no Brasil
Primavera de 2025

Platão

(427 a.C.-347 a.C.)

Platão nasceu em Atenas por volta de 427 a.C., numa família aristocrática. Aos vinte anos, tornou-se discípulo de Sócrates (469 a.C.-399 a.C.), sábio que vagava pela cidade incitando os jovens à reflexão. Depois da morte do mestre (executado por impiedade), viajou por cerca de doze anos, retornando a Atenas em 387 a.C., quando fundou sua escola, a Academia, à qual se dedicou até morrer, em 347 a.C., e onde formou, entre outros alunos, Aristóteles. Compôs mais de duas dezenas de diálogos, entre os quais se destacam *Protágoras*, *Górgias*, *Crátilo*, *Banquete*, *Fedro* e *República*. Sua obra é marcada pela contínua tentativa de definir ideias essenciais, como coragem, beleza e justiça, e pelo ataque sem trégua aos sofistas, professores itinerantes que, mediante gorda remuneração, ensinavam todo tipo de arte – principalmente a da persuasão (a Retórica), que se associava a um relativismo moral e era arma importante para o sucesso político na Grécia dos séculos V a.C. e IV a.C.

Sumário

para Jaa Torrano, que me deu a ideia da tradução

Introdução

André Malta

O julgamento de Sócrates, ocorrido em 399 a.C., em Atenas, é um dos fatos históricos mais importantes da Grécia Antiga. É possível dizer que a importância desse acontecimento foi percebida já na época em que ele se deu, com o surgimento de um número razoável de textos que abordavam a figura desse sábio excêntrico, condenado à morte por impiedade e por corromper os mais jovens. No entanto, foi apenas com o tratamento dado ao episódio por Platão, responsável por lhe atribuir uma poderosa dimensão filosófico-literária, que ele extrapolou seu tempo e se perpetuou como inesgotável fonte inspiradora.

Na extensa obra platônica, os diálogos que tratam do processo contra Sócrates e de sua morte são quatro: *Êutifron*, *Apologia de Sócrates*, *Críton* e *Fédon*. Entre eles há uma clara sequência dramática, desde a discussão sobre o ponto central da acusação (o que é piedade), passando pela defesa no tribunal e a estada na prisão, até o momento em que a pena de morte é cumprida. Do ponto de vista temático, porém, o *Fédon* – mais complexo e extenso – é em geral considerado pelos estudiosos um trabalho posterior, no qual Platão já se mostraria menos preso à visão do mestre.

Discussões acadêmicas à parte, a leitura das três obras aqui apresentadas é suficiente para nos fornecer um excelente panorama da arte e da filosofia platônica. Formalmente, temos a estrutura tradicional da conversa

(*Êutifron*), a elaboração de um longo e variado discurso (*Apologia*), e a combinação desses dois modos expositivos (*Críton*). Quanto ao conteúdo, são textos que trazem esboçadas as linhas-mestras que vão guiar todo o pensamento de Platão, para o qual servem como excelente porta de entrada: teologia, teoria das ideias, ética, dualismo corpo/alma, escatologia (visão sobre a vida após a morte), teoria política. Além disso, eles pintam de maneira brilhante a figura de Sócrates, revelando-nos seu modo de agir e de pensar.

O diálogo *Êutifron* apresenta o tipo de discussão que encontramos em outros textos de Platão: o interlocutor de Sócrates, versado em certa área do conhecimento, é convidado a propor uma definição geral de determinada noção. No caso, a conversa envolve o adivinho que dá título à obra, Êutifron, instado, devido ao seu conhecimento do âmbito divino, a definir o que seja piedade (ou religiosidade). O tema, naturalmente, não surge de maneira gratuita nem se restringe ao campo teórico. Tanto Sócrates quanto Êutifron estão envolvidos em processos que giram em torno da questão do que é piedoso e do que é ímpio: Sócrates é acusado de não cultuar os deuses da cidade e introduzir novas divindades, enquanto Êutifron, em posição oposta, acusa o pai pela morte de um servo, o que para ele, que cultivava o comportamento piedoso, constituía mácula inaceitável.

No diálogo, porém, podemos notar que, segundo a visão corrente (indicada pelo próprio Êutifron), ímpio era um filho levar a julgamento o próprio pai, e essa divergência em relação ao senso comum confere ao adivinho uma aparente segurança e sabedoria em tais questões: só ele poderia distinguir com clareza o ato piedoso do ímpio. Configura-se assim a figura do sábio em piedade, perfeita para auxiliar Sócrates no julgamento que teria de enfrentar dali a alguns dias. Estabelece-se igualmente o modo de funcionamento habitual da ironia socrática: colocar-se estrategicamente em posição inferior à de seu interlocutor.

O desenvolvimento do diálogo segue o esquema conhecido: Sócrates, depois de solicitar a Êutifron, mais de uma vez, que definisse em termos gerais o que é piedade, parte para a refutação de suas afirmações, sempre precárias e presas a casos particulares. O resultado é uma argumentação circular, que os leva de volta ao ponto de partida, demonstrando que Êutifron, ao contrário do que dizia, não possuía um verdadeiro conhecimento a respeito do assunto. A conversa chega ao fim e ficamos sem uma abordagem esclarecedora do tema. Essa aporia, característica de parte dos diálogos platônicos, mais do que simplesmente negativa (como poderia parecer num primeiro momento), tem uma função dupla: desqualificar a sabedoria e o comportamento dos que apregoavam certo domínio intelectual, e mostrar que a presunção de ignorância e a desconfiança são princípios básicos de qualquer tentativa de conhecimento – senão o mais importante de todos os saberes.

Ora, segundo o próprio Sócrates, teria sido exatamente essa sua postura refutativa – esse seu procedimento de expor o desconhecimento alheio – que lhe teria angariado tantos ódios e inimizades ao longo da vida, sentimentos que terminaram por culminar na acusação feita por um certo Meleto em 399 a.C. A desqualificação que Sócrates promovia – uma desqualificação que era, no fundo, moral – parecia comprometer, por extensão, os costumes da cidade como um todo, dos quais a religiosidade era parte inseparável. A situação era mais preocupante ainda porque os jovens, seduzidos pela "inspeção" socrática, reproduziam tal prática, o que poderia ser nocivo para o futuro de Atenas.

Sua atividade, na realidade, não pode ser plenamente compreendida sem que se mencione o contexto cultural e político em que estava inserida. Do ponto de vista político, é importante lembrar que em 399 a.C. os atenienses, ainda traumatizados com a derrota para Esparta na Guerra do Peloponeso, terminada em 404 a.C., e com o breve regime oligárquico que a ela se seguiu, esforçavam-se por consolidar o sistema democrático há pouco reinstaurado, e viam portanto com maus olhos qualquer tipo de contestação ou novidade que partisse de um de seus cidadãos, principalmente daquele que tivesse forte ascendência sobre a juventude. Do ponto de vista cultural, a assimilação de Sócrates aos chamados sofistas – homens inovadores, que cobravam alto por ensinamentos variados – tornava sua situação ainda mais complicada, e moralmente indefensável, pois para muitos ele pouco diferia daqueles "sábios" que eram o alvo preferencial de suas interrogações. Para piorar, ele era ainda confundido, injustificadamente, com os chamados filósofos ditos "físicos", que buscavam explicações naturais para a origem e os fenômenos do mundo, o que lhes valia a fama de ateus, por esvaziarem o poder dos deuses.

Na prática, a identificação – principalmente com os sofistas – era inevitável, porque Sócrates, assim como eles, propunha aos jovens um novo tipo de reflexão, centrada no homem, no hábil uso da palavra e no gosto pela polêmica. Ao contrário deles, porém, Sócrates jamais se colocava como um professor apto a ensinar um determinado tipo de conhecimento, o que o levava a não cobrar nada daqueles que queriam ouvi-lo. Outro ponto fundamental a distingui-lo dos sofistas era sua busca pela verdade, que distanciava seu discurso da manipulação e do oportunismo, da conveniência e do relativismo característicos de alguns intelectuais famosos da época. Isso lhe conferia uma integridade e uma coerência que faziam de sua vida quase que uma missão em busca do conhecimento real e de sua aplicação.

É essa missão que nos é apresentada na *Apologia*. O título é a vernaculização do termo grego *apología*, que significa "defesa"; trata-se, portanto, do discurso proferido por Sócrates no tribunal para se defender das acusações de que fora alvo. Na realidade, são três discursos distintos que encontramos nessa obra: o da defesa propriamente dita; o que trata da proposição de uma pena, diante do veredicto adverso (culpado), direito concedido ao réu na legislação ateniense; e o que tece considerações finais e aborda o sentido da morte.

No primeiro e principal, Sócrates aborda desde as acusações mais antigas (feitas informalmente, sem maiores consequências, quando já se destacava na cidade) até as mais recentes (decorrentes daquelas, mas agora responsáveis por conduzi-lo ao tribunal), mostrando que eram todas infundadas. Ao mesmo tempo, explica que as calúnias sofridas surgiram depois que se pôs a investigar as enigmáticas palavras do oráculo de Delfos – de que era o mais sábio dos homens – e percebeu que essa sabedoria sua consistia, na realidade, no reconhecimento da ignorância humana. Em sua missão divina, atuando como uma espécie de dádiva de Apolo (o deus de Delfos) aos homens, é a esse autoconhecimento que Sócrates quer induzir aqueles com os quais dialoga, autoconhecimento que se prende a uma preocupação com a alma em detrimento do corpo e dos bens materiais e que deve resultar necessariamente numa vida virtuosa.

Sua longa argumentação, corajosa e insubmissa, não é capaz de absolvê-lo. O emprego em alguns momentos do melhor estilo retórico, o hábil questionamento dirigido a Meleto (num pequeno trecho dialogado), a menção ao sinal divino que o acompanhava (e o dissuadia de tomar certas decisões) e o tom altivo pareciam confirmar os termos de seus acusadores, e Sócrates acaba condenado por uma pequena margem de votos.

O discurso seguinte dava a Sócrates a possibilidade de escapar da pena proposta pela acusação: morte por envenenamento. O esperado era que indicasse para si, como punição, o exílio, saída que costumava agradar a ambas as partes. Mas, em consonância com o que havia dito anteriormente – que, estando a serviço do deus, praticava um bem, e não um mal –, ele propõe para si, de forma coerente, algo bom; na realidade, uma das maiores honrarias que um ateniense ou estrangeiro poderia receber: comer de graça, às custas da cidade. Essa sua fala, para os jurados, constitui o extremo da arrogância e da provocação, e seu sentenciamento à morte se dá agora por mais de dois terços dos votos.

As palavras finais, que formam uma espécie de apêndice e não interferem no julgamento, são dirigidas aos que o condenaram e aos que o absolveram. Aos primeiros, Sócrates afirma não ter se arrependido do modo como se defendeu e profetiza o castigo que hão de sofrer – a intensificação dos questionamentos que queriam eliminar. Aos segundos, diz imaginar que a morte deva ser um grande bem, seja ela um sono tranquilo ou o convívio no Hades com os grandes homens que lá habitam.

O *Críton*, de certa maneira, dá continuidade à discussão jurídica da *Apologia*. Se Sócrates foi condenado injustamente pela cidade, não é justo que ele fuja da prisão? Morrendo, ele não vai deixar os filhos desamparados, além de fazer todos pensarem que seus amigos não quiseram ajudá-lo a escapar? A tentativa de convencimento parte de um velho companheiro, da mesma idade de Sócrates e rico o bastante para arquitetar uma fuga exitosa. A conversa ocorre na prisão, enquanto Sócrates aguarda o momento da execução. O modo como ela se desenrola, no entanto, não segue o padrão costumeiro. Depois de um pequeno trecho refutativo, em que mostra que não se deve dar atenção ao que a maioria vai pensar, Sócrates passa a atacar a questão central – é justo retribuir uma injustiça com outra injustiça? –, dando a palavra às próprias Leis da cidade, que o interpelam e criticam por cogitar uma fuga. É como se agora elas se sentassem no banco dos réus e fizessem sua defesa.

Trata-se de um longo discurso que ocupa todo o terço final do diálogo, e pelo qual fica dito que, diante do pacto tácito estabelecido entre a cidade e o cidadão Sócrates, que nela sempre viveu por livre e espontânea vontade, submetendo-se às suas normas (e delas se beneficiando), o não cumprimento da sentença configuraria um ato incoerente, desrespeitoso e injusto. Agindo assim, ele se mostraria mais uma vez um malfeitor, confirmando o acerto da decisão dos jurados que o condenaram. À primeira vista, pode parecer estranho que o mesmo Sócrates que na *Apologia* não consente em se sujeitar às determinações humanas, às quais sobrepõe as divinas, agora se revele um patriota legalista por cuja boca o poder instituído se manifesta. Mas é preciso ver que o que está em jogo aqui é a ideia central de que não devemos devolver a injustiça que sofremos àquele que a cometeu – e é essa exigência moral que torna o Sócrates do *Críton* uma extensão daquele da *Apologia*.

Além disso, é importante notar que, no diálogo, o expediente da personificação confere às Leis um estatuto divino, uma autoridade quase sobre-humana, de modo que não deixa de continuar havendo, por parte de Sócrates, uma condenação das medidas que os *homens* tomaram. A referência ao deus, aliás, está presente na conclusão tanto da *Apologia* quanto do *Críton*, lembrando-nos de que a conduta socrática está atrelada ao comando de uma divindade – ideia que, não por acaso, está presente também no *Êutifron*, onda se fala de uma arte de servir aos deuses.

Dessa maneira, o que encontramos nessas três obras é a apresentação de uma postura que tem não apenas um eixo filosófico, mas também ramificações religiosas, políticas e éticas. A mola propulsora dessa atitude é o "apreço pelo homem" (*philanthropía*) e a vontade de investigar os limites do conhecimento, não de maneira isolada, como uma teoria descolada da vida, e sim em ligação íntima com o convívio em sociedade, porque essa experiência do saber se reflete diretamente num modo de ser que envolve todos os campos da nossa existência.

É assim, de forma simplificada, que podemos resumir o Sócrates que Platão nos apresenta. Se esse é um retrato fiel do Sócrates histórico, não é possível dizer. Ou melhor, parece não haver outra alternativa senão afirmar que, assim como acontece com outros personagens e situações, esse é inevitavelmente o Sócrates *recriado* por Platão, se entendemos que toda elaboração literária, ainda que de uma figura histórica, é resultado de uma série de operações, que envolvem seleção, ênfase, distorção etc. É claro que no Sócrates de Platão podemos reconhecer os atributos básicos pelos quais seu mestre ficou famoso, atributos igualmente presentes no testemunho de Xenofonte (428 a.C.-354 a.C.), outro importante escritor da época. Consequentemente, sob esse ângulo, o Sócrates que encontramos nos diálogos é sim o Sócrates que os atenienses encontravam pelas ruas – e talvez não pudesse ser de outra maneira: que efeito Platão alcançaria se deformasse por completo, a ponto de se tornar irreconhecível, a figura de seu mestre?

Por outro lado, é fato que o Sócrates platônico, apesar dos traços fundamentais, é único. Não caberia explicar essa singularidade por conta simplesmente de uma maior capacidade de Platão em retratar o que viu e ouviu. É mais razoável imaginar que, com sua arte, ele foi capaz de criar um personagem tão rico e complexo, a ponto de este ganhar uma verdade acima do real. Em outras palavras, o que Platão fez foi emprestar a Sócrates – a partir de um substrato factual – uma impressão de realidade que nenhum dos outros escritores conseguiu igualar, uma unidade que o sábio de carne e osso talvez não tivesse, mas que brota com força da leitura dos diálogos. Portanto, determinar a historicidade do Sócrates de Platão é uma questão secundária. Talvez o de Xenofonte seja mais real, no sentido de estar mais próximo do que Sócrates efetivamente foi. De qualquer maneira, literariamente falando, é o de Platão o mais verdadeiro, porque mais convincente e denso como elaboração de caráter.

Queremos dar ênfase à esfera literária porque foi exatamente com essa preocupação que traduzimos os diálogos, tentando destacar, junto com o andamento filosófico dos textos, a elaboração da linguagem, em que Platão também era mestre: em suas obras, esses dois planos andam lado a lado, de maneira inseparável. A tarefa não é fácil, porque muitas vezes valorizar o raciocínio implica descuidar da expressão, e vice-versa. Tentamos conciliar, na medida do possível, esses dois aspectos. Demos atenção especial, no entanto, ao estilo, por ser em geral o elemento mais negligenciado.

Nesse terreno da arte platônica, a variação é um dos maiores desafios que o tradutor enfrenta: do retórico ao coloquial, do poético ao pedestre, do diálogo ao monólogo, Platão percorre diferentes registros, que, na busca extremada da literalidade, podem resultar, em português, em textos de sintaxe obscura ou mesmo impenetrável, ou, do lado oposto, em construções canhestras. Há ainda uma expressividade, uma jovialidade em certos trechos dialogados, que só podem ser reproduzidas ao preço de muita artificialidade, que passa longe da impressão natural que Platão lhes conferiu.

Dos três diálogos, a *Apologia* é certamente o mais trabalhoso, porque reúne todas essas características e impõe ao tradutor a dura missão de fazer uma ligação minimamente harmoniosa entre os mais variados andamentos, sem deixar que isso resulte num todo indiferenciado e monótono. Em menor escala, tentamos fazer isso também com o discurso das Leis no *Críton*, que vai da austeridade dos longos períodos à rapidez, por exemplo, de uma série de perguntas.

Tentamos ainda preservar em todos eles, sempre que possível, os jogos de palavras, as citações e algum neologismo, que são outros elementos a apontar a importância de se ver Platão também como um escritor empenhado em usar expressivamente sua língua e dialogar com outros autores. No caso da pontuação, que no grego era feita através de "partículas" – pequenas palavras disseminadas ao longo do texto, capazes de produzir ricas e variadas entonações –, buscamos dar às falas uma vivacidade maior, recorrendo a pontos de exclamação, reticências e expletivos, e ao uso do itálico para sublinhar certas palavras ou afirmações. Imaginamos que esse expediente, apesar de baseado muitas vezes na subjetividade e na interpretação do tradutor, tem a vantagem de conferir certa teatralidade à arte platônica, destacando a íntima ligação entre o que se diz e o modo como isso é dito, o que ajuda a definir o caráter de quem fala. Mesmo cientes do risco de distorção que ronda essa opção, julgamos que era válida e que se ajustava ao propósito de reaproximar a filosofia da literatura.

Quanto ao vocabulário, adotamos dois procedimentos principais. Em primeiro lugar, tomamos a liberdade, em alguns casos, de propor novas traduções para termos que já têm correspondentes consagrados em nossa língua. O objetivo com isso não foi desmerecer o que o uso mostrou ser pertinente nem cultivar o novo só pelo gosto da novidade, mas apontar para o caráter dinâmico por natureza da tradução, que pede sempre um novo olhar e uma nova interpretação. Se traduzimos, por exemplo, *idéa*/*eîdos* não por "ideia", ou mesmo por "forma" (outra possibilidade, menos empregada), mas por "feição"/"feitio", não é porque consideramos equivocadas aquelas soluções, mas sim porque com esses termos podemos manter, no plano da forma, a variação entre os gêneros do grego (sem que haja em português, como não há em Platão, uma diferenciação clara de sentido), e principalmente porque "feição" e "feitio" destacam a ideia presente na raiz dos vocábulos originais – a de que se trata de algo apreendido pelo olhar.

Em segundo lugar, tentamos manter, no interior de cada diálogo e de uma obra para a outra, sempre uma mesma tradução para o mesmo termo ou expressão. A adoção desse critério é absolutamente necessária se a intenção é não só acompanhar de perto o desenvolvimento da argumentação, na forma e no conteúdo, mas também apontar possíveis retomadas e reconfigurações, à medida que as ideias vão sendo observadas por novos ângulos. Só assim podem ficar mais aparentes as continuidades e rupturas do pensamento, e a riqueza que daí decorre.

Para aqueles que não estão familiarizados com os textos de Platão, vale lembrar que eles têm uma paginação própria, universal, estabelecida no século XVI e até hoje seguida, para auxiliar o estudioso na localização e citação das passagens. Com o objetivo de não poluir o texto com um excesso de números e atomizá-lo, resolvemos não colocar a tradicional indicação dos parágrafos, por letras (a, b, c, d, e), que acompanha a numeração principal. Assim, em vez de assinalarmos, ao longo de uma página, suas subdivisões, (7a) (7b) (7c) (7d) (7e), indicamos o número apenas, (7). Em relação às notas de rodapé, elas visam a fornecer todo tipo de informação, de históricas a linguísticas. O que se buscou, de maneira geral, foi a concisão, e a inclusão apenas do que parecia essencial para a leitura proveitosa dos textos.

ÊUTIFRON
(Sobre a piedade)

Sócrates encontra-se por acaso com o adivinho Êutifron, dias antes de seu julgamento[1]

Êutifron

(**2**) Que novidade é essa, Sócrates, que você, deixando os passatempos no Liceu,[2] agora passa o tempo aqui, nos arredores do pórtico do rei?[3] Pois eu presumo não acontecer de *você também* ter uma causa junto ao rei, como eu...

Sócrates

Na realidade, Êutifron, os atenienses não a chamam de "causa", mas de "denúncia".[4]

Êutifron

O que você está dizendo?! Pelo jeito alguém fez uma denúncia *contra você*, porque não vou lhe imputar isto – *você* ter denunciado outra pessoa!

Sócrates

Não, realmente.

Êutifron

Mas um outro a você sim?

---

1. Não temos outras informações sobre Êutifron além das que encontramos em Platão. Mas seu nome tinha um significado claro para os gregos: "o de espírito direto ou ortodoxo".

2. Ginásio situado junto ao santuário de Apolo Liceio e um dos destinos preferidos de Sócrates em suas andanças. Aí Aristóteles iria depois fixar sua escola, em 335 a.C.

3. O pórtico real ficava próximo do templo de Hefesto (o Hefestêion), na ágora ou praça pública de Atenas. "Rei" aqui não designa um monarca, mas um dos nove magistrados principais de Atenas, o "arconte rei", responsável por cuidar das questões religiosas.

4. A causa (*díke*) é um processo privado, enquanto a denúncia (*graphé*) diz respeito a uma ofensa contra a cidade.

Sócrates
Isso mesmo.

Êutifron
Quem é ele?

Sócrates
Eu próprio, Êutifron, não conheço muito bem o homem, pois me parece ser alguém jovem e desconhecido. Mas o chamam (penso eu) de Meleto. É do demo de Pitos, se é que lhe vem à mente algum Meleto de Pitos, assim, de cabelo liso e não com muita barba – e nariz adunco...[5]

Êutifron
Não me vem, Sócrates. Mas então, qual a denúncia que ele fez contra você?

Sócrates
Qual? Uma nada desprezível, me parece; pois entender de tamanho assunto quando ainda se é jovem não é coisa banal! Ele sabe, conforme diz, de que modo os jovens são corrompidos e quem são aqueles que os corrompem. Corre o risco de ser um sábio – e, por notar minha ignorância ao corromper os de sua idade, vem me acusar junto à cidade tal qual junto à mãe... E me parece ser o único, dos envolvidos com a política, a começar corretamente, pois é correto que Meleto *milite* primeiro pelos jovens, para que sejam os melhores possíveis, assim como se espera que o bom lavrador *milite* primeiro pelas plantas jovens,

5. O principal acusador de Sócrates; talvez fosse poeta. Na *Apologia* também são citados Anito e Lícon. Atenas se dividia em cerca de 140 demos ou distritos, que abarcavam o núcleo urbano e as áreas rural e litorânea. Um número variável de demos se unia (misturando-se necessariamente os da cidade, do campo e do litoral) para formar cada uma das dez tribos de Atenas. O cidadão ateniense era em geral apresentado colocando-se, junto ao seu nome, o do pai e/ou o do demo.

e só depois disso pelas outras também.[6] Além do mais, talvez Meleto esteja "arrancando" *a nós primeiro*, (3) que "corrompemos as germinações dos jovens", conforme diz; em seguida, depois disso, é claro que, *militando* pelos mais velhos, ele se tornará para a cidade culpado pelos maiores e mais numerosos bens[7] – pelo menos é o que se espera que ocorra com quem teve um tal começo!

Êutifron

É o que eu gostaria, Sócrates, mas receio que aconteça o contrário. Pois me parece que ele simplesmente começa por prejudicar a cidade *pela lareira* ao tencionar fazer mal a você.[8] Mas me diga: ele diz que você corrompe os jovens fazendo o quê?

Sócrates

Coisas estranhas, admirável homem, para se ouvir assim. Pois diz que sou fazedor de deuses e que, por isso mesmo – por fazer novos deuses e não crer nos antigos –, me denunciou, conforme diz.

Êutifron

Compreendo, Sócrates. É porque você mesmo diz que "o sinal numinoso" está a todo momento com você.[9] É por

---

6. Em grego há um jogo – que será retomado algumas vezes na *Apologia* – entre o nome *Méletos* e o verbo *epimélo*, "preocupar-se", que traduzimos por "militar".

7. "Culpado" (*aítios*), com sentido negativo, se contrapõe a "bens" e reforça a ironia das palavras de Sócrates.

8. A lareira (ou Héstia) representava, enquanto fogo sagrado da cidade e de cada casa, o princípio da estabilidade. Com essa fala Êutifron deixa clara sua admiração por Sócrates.

9. Voz que o impede de fazer o que não deve, como esclarecerá na *Apologia*. A fala de Êutifron mostra como, aos olhos da maioria, o "sinal numinoso" se confundia necessariamente com algum tipo de inovação religiosa por parte de Sócrates.

você abrir um novo filão em relação às coisas divinas que ele fez essa denúncia, e então vem até o tribunal para caluniá-lo – sabendo que assuntos desse tipo incitam a maioria à calúnia. Pois *de mim também*, quando lhes digo algo na assembleia a respeito das coisas divinas, predizendo-lhes o futuro, eles dão risada, como se eu estivesse louco! Porém nada do que eu predisse foi dito sem verdade; eles é que têm inveja de nós todos que somos deste jeito. Mas não devemos absolutamente nos preocupar com eles – antes devemos "ir ao seu encontro"![10]

Sócrates

Caro Êutifron, o fato de darem risada talvez não seja nada. Para os atenienses, na realidade, não importa muito (segundo me parece) se pensam que alguém é hábil, a não ser que seja dado a ensinar a própria sabedoria: aquele que pensam que faz também os outros iguais a si mesmo – com *esse* eles ficam maldispostos, seja por inveja, como você está dizendo, seja por outro motivo qualquer.

Êutifron

A respeito disso, não estou muito disposto a testar como porventura se sentem em relação a mim...

Sócrates

Talvez porque você pareça se expor com parcimônia e não querer ensinar sua própria sabedoria. Já eu temo que, para eles, por causa do meu apreço pelo homem, eu pareça falar a todos transbordantemente *o que quer que traga comigo*, não apenas sem pagamento, mas podendo ainda, com prazer, acrescentar um, se alguém quiser me ouvir...[11] Se eles, portanto, como eu dizia agora há pouco,

10. A frase indica a ação contra um inimigo, remetendo em geral ao ambiente bélico.

11. Sócrates gostava de insistir no fato de que não cobrava daqueles que queriam ouvi-lo (como deixará claro na *Apologia*), o que o diferenciava dos sofistas.

fossem rir de mim como você diz que riram de você, não seria nada desprazeroso levar a vida brincando e rindo no tribunal; porém, se vão levar a coisa a sério, aí já não está claro onde isso acabará – a não ser para vocês, adivinhos...

ÊUTIFRON
Mas talvez não venha a ser nada, Sócrates; você enfrentará com bom-senso sua causa, e penso que também eu a minha.

SÓCRATES
Mas qual é então, Êutifron, sua causa? Você está se defendendo ou atacando?[12]

ÊUTIFRON
Atacando.

SÓCRATES
A quem?

ÊUTIFRON
(**4**) A quem pareço louco de estar atacando.

SÓCRATES
Mas como? Você está atacando alguém que voa...?

ÊUTIFRON
Falta muito para voar: ocorre que é alguém já bem idoso.

SÓCRATES
Quem é ele?

ÊUTIFRON
O meu pai.

---

12. Os atenienses viam o processo legal como uma perseguição: o acusador era, literalmente, "o que perseguia", e o acusado, "o que fugia". Por isso a brincadeira, na sequência, a respeito da insensatez de se "acusar"/"perseguir" algo alado. Tentamos manter o jogo usando na tradução os verbos "atacar" e "defender".

Sócrates
O *seu*, ótimo homem?!

Êutifron
Isso mesmo.

Sócrates
E qual a queixa? Sobre o que é a causa?

Êutifron
Homicídio, Sócrates.

Sócrates
Por Héracles! Eu presumo que o caminho correto a seguir, Êutifron, seja decerto desconhecido pela maioria; porque eu, pelo menos, penso que não é para qualquer um fazer isso – senão para quem já vai muito avançado em sabedoria...

Êutifron
Por Zeus, muito avançado mesmo, Sócrates!

Sócrates
Mas era então alguém da família – esse que foi morto pelo seu pai? É claro, não? Pois eu presumo que por causa de um estranho você não o processaria por homicídio...

Êutifron
É engraçado, Sócrates, você pensar que há alguma diferença entre o morto ser um estranho ou da família – e não que é preciso observar *isto apenas*: se o que matou, matou com justiça ou não. Se com justiça, deve-se deixar de lado, mas, se não, deve-se processá-lo, ainda que esse que matou divida com você lareira e mesa! Pois a mácula é a mesma se, ciente disso, você conviver com uma pessoa assim e não tornar piedoso a si mesmo e a ela processando-a na justiça.

Mas então: esse que morreu era um empregado meu, e como tínhamos lavoura em Naxos trabalhava lá para nós.[13] Depois de abusar do vinho e se enfurecer com um dos nossos servos, corta-lhe a garganta; meu pai, prendendo-lhe os pés e as mãos, jogando-o num fosso qualquer, manda até aqui um homem para se informar junto ao Exegeta sobre o que deveria fazer.[14] Mas durante esse tempo fazia pouco caso do preso e descuidava dele (por ser um homicida) e não achava nada demais se morresse, o que de fato aconteceu: pois por causa da fome, do frio e do aprisionamento, acaba morrendo antes de o mensageiro retornar do Exegeta.

E é por isso que ainda se abalam meu pai e os outros familiares, porque por causa de um homicida processo meu pai por homicídio; ele não o matou (eles dizem) ou, se matou mesmo, sendo o morto um homicida não era preciso se preocupar com um tipo desse, pois é impiedade um filho processar o pai por homicídio. Mas eles conhecem mal, Sócrates, a disposição divina a respeito do piedoso e do ímpio.

Sócrates
Mas então você, Êutifron, por Zeus, pensa que sabe assim de maneira precisa como se dispõem as coisas divinas, e as piedosas e as ímpias, a ponto de, tendo isso se realizado desse jeito que você conta, não temer que aconteça de *você também* estar realizando um ato ímpio ao levar seu pai a julgamento?

Êutifron
Pois de nenhuma serventia eu seria, Sócrates, **(5)** e em nada diferiria Êutifron da maioria dos homens, se eu não conhecesse de maneira precisa todo esse tipo de coisa!

---

13. Naxos é a maior das ilhas Cíclades, no mar Egeu.

14. Conselheiro oficial sobre como proceder em assuntos religiosos.

Sócrates

Mas para mim então, admirável Êutifron, não é melhor me tornar seu aluno e, antes da denúncia de Meleto, interpelá-lo a respeito disso mesmo, dizendo que eu, em tempos passados, tinha em alta conta conhecer as coisas divinas, e que agora, depois de ele dizer que erro ao improvisar e abrir um novo filão em relação a essas coisas divinas, me tornei seu aluno? "Se você, Meleto", eu diria, "reconhece que Êutifron é sábio nesse tipo de coisa, considere que *eu também* creio de forma correta e não me leve a julgamento; caso contrário, mova uma causa contra *esse professor* antes de movê-la contra mim, por corromper os mais velhos – a mim e ao próprio pai: a mim, ensinando-me, e àquele, repreendendo-o e castigando-o". E se não for persuadido por mim nem abandonar a causa, ou em vez de a mim não denunciar *a você*, não é melhor dizer, já no tribunal, isso mesmo a respeito do que o interpelava?[15]

Êutifron

Sim, por Zeus, Sócrates! Se ele tencionasse me denunciar, eu iria descobrir – segundo penso – onde é mais vulnerável, e o discurso no tribunal seria antes *muito mais sobre ele* que sobre mim!

Sócrates

Naturalmente, caro amigo, é por saber disso que eu desejo me tornar seu aluno – ciente de que outros, e especialmente esse Meleto, fingem nem vê-lo, enquanto a mim ele me notou tão fácil e agudamente que me denunciou por irreligiosidade... Mas, por Zeus, me diga agora o que você há pouco me confidenciava saber com clareza: que tipo de coisa você afirma ser o religioso e o irreligioso, em

15. Sócrates imagina uma audiência preliminar que o colocaria frente a frente com Meleto, algo previsto pela lei ateniense.

relação tanto ao homicídio quanto ao resto? O piedoso não é, ele mesmo, *idêntico* a si próprio em toda ação, e o ímpio, por sua vez, o contrário de todo piedoso e igual, ele mesmo, a si próprio – tudo aquilo que vem a ser ímpio possuindo uma única *feição* relativa à impiedade?[16]

ÊUTIFRON
Claro, totalmente, Sócrates!

SÓCRATES
Diga lá: o que você afirma ser o piedoso, e o que o ímpio?

ÊUTIFRON
Pois bem, digo que piedoso é o que eu mesmo estou fazendo agora: a quem age mal – quer em relação a homicídios, quer em relação a furtos de objetos sagrados – ou comete outra falta qualquer desse tipo, *processar*, mesmo que por acaso seja o pai, seja a mãe ou outra pessoa qualquer; e que *não processar* é ímpio. Porque veja, Sócrates, como lhe darei grande prova de que a lei é assim; já a mencionei a outras pessoas, para mostrar que seria correto que isso se passasse desta maneira, sem sermos lenientes com o irreligioso, seja lá quem for. Pois ocorre de os próprios homens crerem em Zeus como o melhor e mais justo dos deuses, **(6)** e de reconhecerem que prendeu *o próprio pai* porque engolia os filhos de modo não justo, e que este mesmo, por sua vez, também mutilou *o próprio pai* por

16. "Feição": essa seria a primeira ocorrência do substantivo feminino *idéa* nos diálogos. Junto com o neutro *eîdos*, "feitio" (que tem a mesma raiz e é sinônimo de *idéa*, como se vê um pouco abaixo), ele viria depois a ter papel importante na filosofia platônica, na formulação da chamada "teoria das ideias". Optamos por traduzi-los por "feição"/"feitio" por serem termos que recuperam, em português, o sentido original ("forma, aspecto, figura"), além de manterem entre si o mesmo tipo de correspondência do original.

outros motivos afins;[17] mas *comigo* se exasperam porque processo meu pai por agir mal – e assim eles vão entrando em contradição consigo mesmos, ao falarem dos deuses e ao falarem de mim...

Sócrates

Será, Êutifron, que é por isso que estou me defendendo de uma denúncia, porque, sempre que alguém fala coisas desse tipo sobre os deuses, eu as recebo com certo desconforto? Pelo jeito é por isso sim que alguém dirá que cometo uma falta... Agora, se a *você*, que sabe bem tais coisas, isso também parece ser assim, então pelo jeito é imperioso que nós também concordemos... Pois o que ainda diremos nós que, pessoalmente, reconhecemos *nada* saber sobre elas? Mas me conte, em nome do Amigo:[18] você considera que essas coisas se passaram verdadeiramente assim?

Êutifron

E coisas ainda mais espantosas que essas, Sócrates, coisas que a maioria não sabe!

Sócrates

Também *guerras* então você considera realmente haver entre os deuses, com uns contra os outros, e inimizades terríveis, e combates, e muitas outras coisas desse tipo, tal como são narradas pelos poetas[19] – e com as quais nos são enfeitados por esses bons pintores os objetos sagrados, e

---

17. Alusão a episódios narrados na *Teogonia* de Hesíodo (século VIII a.C.). Zeus aprisionou o pai, Crono, no Tártaro, depois de este devorar os filhos. Antes dele, Crono já havia castrado o próprio pai, Céu, por não deixar os filhos virem à luz.

18. Um dos nomes pelos quais Zeus podia ser invocado. Com essa invocação, Sócrates quer conseguir de Êutifron o compromisso de responder com sinceridade.

19. Eventos apresentados, entre outros, por Hesíodo em sua *Teogonia* e por Homero na *Ilíada*.

nas Grandes Panateneias, especialmente repleto de enfeites desse tipo, o manto é conduzido até a Acrópole?[20] Devemos afirmar que essas coisas são verdadeiras, Êutifron?

Êutifron

Não só elas, Sócrates! Mas, como lhe disse há instantes, se você quiser, posso começar a discorrer também sobre muitas outras questões relativas às coisas divinas, que eu bem sei que você, só de ouvir, ficará atordoado!

Sócrates

Não me espantaria! Mas você discorrerá sobre essas coisas para mim uma outra vez, com mais calma. Agora, sobre aquilo que lhe perguntei há instantes, tente falar de modo mais claro; porque antes, meu amigo, quando eu o interrogava sobre o que porventura seria o piedoso, você não me ensinou de modo satisfatório, mas apenas disse que por acaso *isto* é piedoso: o que você está fazendo agora, processando seu pai por homicídio.

Êutifron

E eu dizia a verdade, Sócrates!

Sócrates

Talvez. Mas você afirma, Êutifron, que também muitas outras coisas são piedosas...

Êutifron

E são.

Sócrates

Ora, você está lembrado de que não era isso que eu lhe pedia – me ensinar, dentre as coisas piedosas, uma ou duas quaisquer –, mas *aquele feitio próprio* pelo qual todas

---

20. O manto, com motivos bélicos, era bordado a cada quatro anos para o principal festival da cidade e vestia a estátua de Palas Atena (a deusa padroeira de Atenas) situada no alto da Acrópole.

as coisas piedosas são piedosas? Porque você afirmou, eu presumo, que por *uma mesma feição* as coisas ímpias são ímpias, e as piedosas, piedosas? Ou você não se lembra?

ÊUTIFRON
Me lembro!

SÓCRATES
Pois me ensine então qual é *essa feição própria*, para que – contemplando-a e dela me servindo como modelo – eu afirme, das coisas que você ou qualquer outro fizer, ser piedosa a que estiver de acordo com ele, e a que não estiver, não ser.

ÊUTIFRON
Mas se é assim que você quer, Sócrates, assim lhe direi!

SÓCRATES
Mas quero sim!

ÊUTIFRON
Pois bem: o que é do apreço dos deuses é piedoso, (7) e o que não é do apreço, ímpio.

SÓCRATES
Que beleza, Êutifron: tal qual eu buscava que você me respondesse – assim você me respondeu agora! Se de modo verdadeiro, isso ainda não sei, mas você, claro, vai depois me ensinar melhor como o que está dizendo é verdade...

ÊUTIFRON
Com certeza.

SÓCRATES
Muito bem, examinemos o que estamos dizendo. De um lado, é piedoso o que é apreciável aos deuses, e o homem apreciável aos deuses; de outro, é ímpio o que é detestável

aos deuses, e o homem detestável. Não são a mesma coisa, mas totalmente opostos entre si, o piedoso e o ímpio. Não é assim?

Êutifron
Assim mesmo.

Sócrates
E parece bem dito?

Êutifron
Parece, Sócrates.

Sócrates
Ora, e que os deuses entram em conflito, Êutifron, e divergem entre si, e que entre eles há inimizades mútuas – isso também não foi dito?

Êutifron
Foi dito sim.

Sócrates
E a inimizade e os ódios, ótimo homem, são produzidos por uma divergência a respeito do quê? Examinemos deste modo: se divergíssemos, eu e você, a respeito de qual quantidade é maior, a divergência a respeito disso produziria inimizade e ódio entre nós, ou, recorrendo ao cálculo, a respeito disso ao menos nós rapidamente nos entenderíamos?

Êutifron
Com certeza!

Sócrates
Ora, se também a respeito do mais alto e do mais baixo nós divergíssemos, recorrendo à medição não poríamos fim rapidamente à divergência?

Êutifron
Assim é.

Sócrates
E recorrendo à pesagem, penso eu, arbitraríamos a respeito do mais pesado e do mais leve?

Êutifron
Pois como não?!

Sócrates
A respeito do quê então desavindo, e a qual arbítrio não podendo nos dirigir, seríamos inimigos mútuos e nos odiaríamos? Talvez não lhe ocorra de imediato, mas, enquanto falo, examine se não se trata do justo e do injusto, do belo e do feio, do bom e do mau: será que não é desavindo e não podendo recorrer a um arbítrio satisfatório *a respeito dessas coisas* que nos tornamos inimigos, toda vez que nos tornamos, tanto eu quanto você e todos os outros homens?

Êutifron
Sim, a divergência é essa, Sócrates, e a respeito dessas coisas.

Sócrates
Mas e os deuses, Êutifron? Se de fato divergem em algo, não divergiriam por esses mesmos motivos?

Êutifron
É imperioso que sim!

Sócrates
Então também entre os deuses, nobre Êutifron, cada um considera (de acordo com o seu discurso)[21] uma coisa

---

21. Aqui e em outros passos, "discurso" (*lógos*) pode ter o sentido de "argumento", "raciocínio".

justa, e bela, e feia, e boa, e má. Pois eles não entrariam em conflito uns contra os outros, eu presumo, se não divergissem a respeito disso, não é?

ÊUTIFRON
Você fala corretamente.

SÓCRATES
Ora, aquilo que cada um deles considera belo, e bom, e justo – isso também não apreciam, e não detestam o contrário disso?

ÊUTIFRON
Com certeza.

SÓCRATES
E *as mesmas coisas*, conforme você diz, **(8)** uns consideram justas, e outros injustas, e discutindo em torno delas entram em conflito e polemizam uns com os outros; não é assim?

ÊUTIFRON
Assim.

SÓCRATES
As mesmas coisas então, pelo jeito, são detestadas e apreciadas pelos deuses, e as mesmas seriam detestáveis aos deuses e apreciáveis aos deuses...

ÊUTIFRON
Pelo jeito sim.

SÓCRATES
Piedosas e ímpias então *as mesmas coisas* seriam, Êutifron, por esse discurso...

ÊUTIFRON
Corre-se o risco...

Sócrates

Então você não respondeu àquilo que eu perguntava, admirável homem! Pois não era isso que eu perguntava, o que, sendo idêntico, vem a ser ao mesmo tempo piedoso e ímpio – e, pelo jeito, o que é apreciável aos deuses também é detestável.[22] De modo que o que você faz agora, Êutifron, ao castigar seu pai, não espanta nada que o faça (agindo assim) do apreço de Zeus, mas odioso a Crono e ao Céu, e caro a Hefesto, mas odioso a Hera;[23] e se algum outro deus diverge de um segundo a respeito disso, para eles também vale o mesmo!

Êutifron

Mas eu penso, Sócrates, que ao menos a respeito *disto* nenhum outro deus diverge de um segundo: que aquele que matou alguém injustamente deve ser punido...

Sócrates

Mas como? Entre os homens, Êutifron, você já ouviu alguém discutindo se aquele que matou injustamente – ou cometeu outra injustiça qualquer – deve ser punido?

Êutifron

Ora, eles não param absolutamente de discutir isso, especialmente nos tribunais! Pois, mesmo tendo agido muitíssimo mal, fazem e dizem *de tudo* para escapar da punição.

---

22. A identidade que Sócrates buscava em toda ação, conforme disse antes, era do piedoso consigo mesmo e do ímpio consigo mesmo, e não do piedoso com o ímpio.

23. Referência à vingança de Hefesto contra sua mãe, Hera. Ela o atirou do Olimpo depois de nascido, porque era manco, e ele, em troca, criou para ela um trono que imobilizava quem nele se sentasse. Esses acontecimentos estavam retratados numa pintura do templo de Dioniso, em Atenas.

SÓCRATES
E também reconhecem, Êutifron, que agiram mal e, ainda que reconheçam, afirmam que não devem ser punidos?

ÊUTIFRON
Isso não, absolutamente!

SÓCRATES
Então não fazem e dizem *de tudo*! Pois penso que não se atrevem a dizer nem a discutir *isto* – que, tendo mesmo agido mal, *não* devem ser punidos. Penso, antes, que eles *negam* ter agido mal, não é?

ÊUTIFRON
Você está dizendo a verdade.

SÓCRATES
Então não discutem isso – se o que agiu mal deve ser punido –, mas *isto sim* talvez discutam: quem é que agiu mal, e o que fez, e quando.

ÊUTIFRON
Você está dizendo a verdade.

SÓCRATES
Ora, os deuses também não passam por essas mesmas coisas, se de fato entram em conflito a respeito das coisas justas e injustas (conforme o seu discurso): uns afirmam que os outros agiram mal, e os outros negam? Porque isto ao menos, admirável homem, com certeza *ninguém* – nem dos deuses, nem dos homens – se atreve a dizer: que quem agiu mal *não* deve ser punido.

ÊUTIFRON
Sim, Sócrates, isso que você está dizendo é, ao menos no geral, verdade.

Sócrates

Mas penso que é *caso a caso*, Êutifron, que os discutidores – tanto homens quanto deuses (se é que os deuses discutem) – discutem as ações praticadas: é divergindo a respeito de uma determinada ação que uns dizem que foi praticada justamente, e outros, injustamente. Não é assim?

Êutifron

Com certeza.

Sócrates

(**9**) Ande então, caro Êutifron, me ensine também, para que eu me torne mais sábio: que prova você tem de que *todos* os deuses consideram que morreu *injustamente* esse que, depois de se tornar um homicida em seu trabalho, preso pelo senhor do morto, devido ao aprisionamento morre antes que o que o aprisionou se informe junto aos Exegetas sobre o que deveria fazer com ele – e de que, por causa de um tipo desse, é correto um filho processar e incriminar o pai por homicídio? Ande, a esse respeito tente me demonstrar com alguma clareza como *todos* os deuses consideram, acima de tudo, que *essa ação* é correta; e se você me demonstrar de maneira satisfatória, por sua sabedoria jamais pararei de elogiá-lo!

Êutifron

Mas talvez não seja uma tarefa pequena, Sócrates; se bem que eu, com certeza, poderia claramente demonstrá-lo a você...

Sócrates

Compreendo. É que eu lhe pareço mais lento no aprendizado do que os jurados – porque a eles, ao menos, é claro que você vai demonstrar como são injustas e como os deuses *todos* detestam as ações desse tipo...

Êutifron

Claramente mesmo, Sócrates, contanto que me escutem falar.[24]

Sócrates

Mas escutarão, contanto que você pareça falar bem... Mas eu me dei conta, enquanto você falava, do seguinte – e fico agora a examinar comigo mesmo: "Se Êutifron me ensinasse ao máximo como os deuses *todos* consideram esse tipo de morte injusta, o que mais terei eu aprendido com Êutifron sobre o que porventura é o piedoso e o ímpio? De fato, *esse ato* pelo jeito seria detestável aos deuses. Mas não foi por aí que o piedoso e o não piedoso mostraram há instantes se definir: pois o detestável aos deuses mostrou ser também apreciável aos deuses...". De modo que disso eu o libero, Êutifron: que *todos* os deuses, se é o que você quer, considerem esse ato injusto e que *todos* o detestem! Mas será que com essa correção que estamos fazendo agora no discurso – que aquilo que *todos* os deuses detestam é ímpio, e aquilo que *todos* apreciam é piedoso (e o que uns detestam e outros apreciam não é nem uma coisa nem outra, ou ambas ao mesmo tempo) –, será que você quer que assim seja agora definido por nós o que é piedoso e o que é ímpio?

Êutifron

O que nos impede, Sócrates?

Sócrates

A mim, nada, Êutifron... Mas você, sim, examine de sua parte se, partindo dessa premissa, me ensinará assim mais facilmente o que prometeu.

---

24. Êutifron receia não receber a atenção dos seus ouvintes, que, segundo disse no começo do diálogo, tinham o costume de rir de suas palavras.

Êutifron

Mas eu pessoalmente diria que o piedoso é isso – aquilo que *todos* os deuses apreciam –, e que o contrário – aquilo que *todos* os deuses detestam – é ímpio.

Sócrates

Ora, não devemos examinar isso agora, Êutifron, para ver se está belamente dito? Ou devemos deixar pra lá e aceitá-lo assim mesmo (quer parta de nós próprios, quer dos outros), concordando que algo é assim mesmo só porque alguém afirma que é? Ou se deve examinar *o quê* quem fala está falando?

Êutifron

Deve-se examinar! Porém eu pessoalmente penso que isso agora está belamente dito...

Sócrates

Logo saberemos melhor, bom homem. Pense no seguinte: **(10)** será que o piedoso – porque é piedoso é apreciado pelos deuses, ou porque é apreciado é piedoso?

Êutifron

Não sei o que você está dizendo, Sócrates...

Sócrates

Vou tentar formular de uma maneira mais clara. Falamos em "ser levado" e "levar", "ser conduzido" e "conduzir", "ser visto" e "ver" – e todas as coisas desse tipo você compreende que são diferentes entre si e no que são diferentes?

Êutifron

Eu pessoalmente penso compreender...

Sócrates

Ora, também não há um "ser apreciado" e, diferentemente dele, o "apreciar"?

ÊUTIFRON

Pois como não?!

SÓCRATES

Me diga então: o levado é levado porque *alguém leva*, ou por outro motivo qualquer?

ÊUTIFRON

Não, por esse...

SÓCRATES

E o conduzido porque *alguém conduz*, e o visto porque *alguém vê*?

ÊUTIFRON

Com certeza.

SÓCRATES

Então não é porque algo é visto que alguém vê, mas o contrário: *é porque alguém vê que algo é visto*; nem é porque algo é conduzido que alguém conduz, mas *é porque alguém conduz que algo é conduzido*, nem é porque algo é levado que alguém leva, mas *é porque alguém leva que algo é levado*. Será que está claro, Êutifron, o que quero dizer? Quero dizer o seguinte: que se algo existe ou padece, não é porque é existente que existe, mas é porque existe que é existente, nem é porque é padecente que padece, mas é porque padece que é padecente.[25] Ou você não concorda com isso?

---

25. A distinção feita aqui por Sócrates é entre *ação* e *estado*: é a ação ("alguém vê") que determina o estado ("algo é visto"). Portanto, valerá o mesmo raciocínio para a ideia de apreciar: a ação – alguém aprecia – determina o estado – algo é apreciado. Na sequência, porém, Sócrates dirá que para o piedoso vale o contrário: não será a ação de apreciar que determinará o estado piedoso, mas o estado piedoso que determinará a ação de apreciar. Portanto, o piedoso (estado que *determina* uma ação) e o apreciável pelos deuses (estado *determinado* por uma ação) não poderão ser pensados conjuntamente.

Êutifron
Concordo!

Sócrates
Ora, também o *apreciado* não é algo existente ou padecente *pela ação de alguém*?

Êutifron
Com certeza!

Sócrates
Também ele então se porta da mesma maneira que os anteriores: não é porque algo é apreciado que os apreciadores apreciam, mas *é porque apreciam que é apreciado.*

Êutifron
É imperioso.

Sócrates
Mas o que estamos dizendo do *piedoso*, Êutifron? Que não é senão o *apreciado* por todos os deuses, segundo o seu discurso?

Êutifron
Sim.

Sócrates
Será que por este motivo – porque é piedoso – ou por outro qualquer?

Êutifron
Não, por esse.

Sócrates
Então *é porque é piedoso que o apreciam*, e não porque o apreciam que é piedoso...

Êutifron
Pelo jeito...

Sócrates

Mas é porque os deuses apreciam que é apreciado e apreciável aos deuses...

Êutifron

Pois como não?!

Sócrates

Então o apreciável aos deuses não é piedoso, Êutifron, nem o piedoso apreciável aos deuses, conforme você diz, mas uma coisa é diferente da outra...

Êutifron

Mas como, Sócrates?!

Sócrates

Porque reconhecemos que o piedoso por isto – *porque é piedoso* – eles apreciam, e não que porque o apreciam é piedoso, não é?

Êutifron

Sim.

Sócrates

Já o apreciável aos deuses, *porque os deuses o apreciam* – por esse ato mesmo de apreciar é apreciável aos deuses; não é porque é apreciável aos deuses que o apreciam.

Êutifron

Você está dizendo a verdade.

Sócrates

Mas se fossem – o apreciável aos deuses e o piedoso – idênticos, caro Êutifron, caso apreciassem o piedoso por ser piedoso, **(11)** também apreciariam o apreciável aos deuses por ser apreciável aos deuses; e caso o apreciável aos deuses fosse apreciável aos deuses por o apreciarem os deuses, também o piedoso seria piedoso por o apreciarem. Mas agora você vê que os dois se portam de maneira contrária, sendo totalmente diferentes um do outro: pois um, porque o apreciam, presta-se a ser apreciado, enquanto o outro, porque se presta a ser apreciado – por isso o apreciam.

E corre-se o risco, Êutifron, de você, ao ser perguntado sobre o que porventura é o piedoso, não querer me mostrar a sua *essência*, mas apenas dizer *algo acidental* a seu respeito (que o piedoso se caracteriza acidentalmente por isso, ser apreciado por todos os deuses), mas *o que é*, você ainda não disse...[26] Portanto, se for do seu agrado, não esconda de mim, mas me diga de novo do princípio o que porventura é o piedoso, quer seja apreciado pelos deuses, quer tenha outra característica acidental qualquer (não será a respeito disso que nós divergiremos...). Vamos, me diga com disposição: o que é o piedoso e o que é o ímpio?

Êutifron

Mas, Sócrates, eu pessoalmente não tenho como lhe dizer o que tenho em mente: pois a premissa de que partimos fica de algum modo sempre girando à nossa volta, e não quer permanecer onde nós a assentamos...

Sócrates

É provável que sejam do nosso antepassado Dédalo as coisas ditas por você, Êutifron![27] E se fosse *eu* quem as estivesse dizendo e propondo, talvez você zombasse de mim

26. Sócrates faz aqui uma distinção filosófica importante, entre a "essência" (*ousía*) e "algo acidental" (*páthos ti*).

27. Figura lendária de inventor, escultor e arquiteto, famosa pela construção do labirinto do Minotauro. Suas esculturas eram tão perfeitas que pareciam capazes de se mover. "Nosso antepassado": isto é, "meu e de minha família". Como o pai de Sócrates, Sofronisco, trabalhava com o entalhe de pedras (e talvez fosse ele próprio escultor), haveria um parentesco seu com o "patrono" Dédalo. Para alguns, Sócrates teria exercido na juventude o ofício do pai.

– que pelo parentesco com ele as minhas "obras verbais" também ficam escapulindo e não querem permanecer onde são postas... Mas o fato é que as premissas são *suas*, e vai ser necessária então uma outra zombaria! Pois é *com você* que elas não querem permanecer, conforme parece também a você mesmo...

Êutifron

Mas a mim me parece, Sócrates, que as coisas ditas necessitam mais ou menos da *mesma* zombaria! Pois esse girar sem permanecer no mesmo lugar não sou eu quem põe nelas! Mas *é você* que me parece ser o Dédalo, porque, ao menos por mim, elas permaneceriam *assim (fica estático como uma estátua).*

Sócrates

Corro o risco então, meu amigo, de ter me tornado nessa arte mais hábil que um homem como *aquele* – e tanto que, enquanto ele fazia apenas as suas próprias obras não permanecerem paradas, eu, além das minhas, pelo jeito faço também as dos outros... E com certeza esse é o maior refinamento de minha arte, porque sou sábio *involuntariamente*... Pois eu preferiria que os meus discursos *permanecessem parados e assentassem imóveis* a ter, além da sabedoria de Dédalo, as posses de Tântalo![28] Mas chega disso. Já que você me parece amolecer, eu mesmo vou ajudá-lo a ter disposição para me ensinar sobre o piedoso; e não se canse antes do tempo! Veja se não lhe parece imperioso que tudo que é piedoso seja justo...

---

28. Segundo lemos no *Banquete*, a imobilidade que Sócrates pretende encontrar nos discursos era uma característica sua nos momentos em que refletia sozinho. Tântalo: rei lídio, filho de Zeus, extremamente rico; admitido nos banquetes dos deuses, depois de um ato transgressor foi condenado a passar fome e sede eternas no Hades.

Êutifron

A mim sim.

Sócrates

Será então que tudo que é justo também é piedoso? Ou o piedoso é *todo justo*, **(12)** enquanto o justo *não é todo piedoso* – mas algo dele é piedoso, e o resto é outra coisa?

Êutifron

Não consigo acompanhar suas palavras, Sócrates...

Sócrates

E no entanto você é mais jovem do que eu o mesmo tanto que é mais sábio![29] Mas, como eu dizia, você está amolecendo por causa da riqueza de sua sabedoria... Vamos, venturoso homem, retese-se! Pois não é difícil de entender o que estou dizendo; estou dizendo o contrário do que o poeta poetou – aquele que poetou:

Sobre Zeus, o criador que fez todas estas coisas,
não queiras falar: pois onde há medo há também vergonha.[30]

Eu pessoalmente divirjo desse poeta. Devo lhe dizer em quê?

Êutifron

Com certeza!

---

29. Sócrates brinca com Êutifron e toma "acompanhar" no sentido literal.

30. Esses versos pertenceriam ao épico perdido *Cipríada*, que narrava os acontecimentos anteriores aos apresentados pela *Ilíada*, desde o princípio da Guerra de Troia. Inicialmente era atribuído a Homero, mas desde pelo menos o século V a.C. essa atribuição era contestada, até que o poema passou a ser considerado obra de um certo Estasino de Chipre. Nesse trecho, vemos que Sócrates descarta Homero como o autor dos versos citados.

Sócrates

Não me parece que "onde há medo há também vergonha", pois muitas pessoas, temerosas de doenças, da penúria e de muitas outras coisas do tipo, me parecem ter medo *mas não ter vergonha alguma* dessas coisas de que têm medo. Não lhe parece também?

Êutifron

Com certeza.

Sócrates

Mas onde há sim vergonha há também medo: porque existe alguém que, sentindo vergonha e desonra por algum ato, não se apavora e teme ao mesmo tempo a reputação de vil?

Êutifron

Teme, realmente.

Sócrates

Então não é correto dizer "pois onde há medo há também vergonha"; mas onde há vergonha há também medo, enquanto onde há medo não há, em todo lugar, vergonha. Pois eu penso que o medo é mais abrangente que a vergonha: a vergonha é *uma parcela* do medo, assim como o ímpar do número, de modo que onde há número não há também ímpar, mas onde há ímpar há também número. Eu presumo que agora, ao menos, você consegue acompanhar?

Êutifron

Com certeza.

Sócrates

Era desse tipo de coisa que eu falava também lá atrás, ao interrogá-lo. Será que onde há o justo há também o piedoso? Ou: onde há o piedoso há também o justo, enquanto onde há o justo não há, em todo lugar, o piedoso, pois o piedoso é *uma parcela* do justo? Parece-lhe que devemos falar assim ou de um outro modo?

Êutifron
Não, assim! Você me parece falar corretamente.

Sócrates
Veja então o que vem depois. Se o piedoso é uma parte do justo, pelo jeito é preciso então que nós descubramos *que tipo de parte* seria, do justo, o piedoso. Se você me perguntasse sobre algo de agora há pouco – por exemplo, que tipo de parte é, do número, o par, e qual número vem a ser –, eu diria que é aquele que não é escaleno, mas isósceles; não lhe parece?[31]

Êutifron
A mim sim.

Sócrates
Tente então você também me ensinar desse modo que tipo de parte do justo o piedoso é, para que também digamos a Meleto que não aja mais mal conosco e nos denuncie por irreligiosidade, uma vez que já aprendemos com você, de maneira satisfatória, que coisas são religiosas e piedosas, e que coisas não.

Êutifron
Pois me parece ser esta, Sócrates, a parte do justo religiosa e piedosa – *a relativa ao cuidado com os deuses* –, e a relativa ao cuidado com os homens ser a parte restante do justo.

---

31. O raciocínio se apoia na trigonometria. Como o triângulo isósceles (literalmente, "de pernas iguais") é o que tem dois lados idênticos, um número par como 6 pode se dividir em dois segmentos iguais de 3. Já num triângulo escaleno (literalmente, "capenga"), cujos lados são todos desiguais, a divisão em duas pernas de mesma extensão (trabalhando-se apenas com números inteiros) não é possível, o que leva à associação desse tipo de figura com a noção de ímpar.

Sócrates
E belamente, Êutifron, você me parece falar! (**13**) Mas ainda sinto falta de uma pequena coisa, pois não estou entendendo o que você chama de "cuidado"...[32] Você não está dizendo, eu presumo, que os cuidados para com as outras coisas são do mesmo tipo que aquele para com os deuses – porque o fato é que falamos igual; por exemplo: afirmamos que não é toda pessoa que sabe *cuidar* de cavalos, mas só o cavalariço, não é?

Êutifron
Com certeza.

Sócrates
Pois, eu presumo, a arte do cavalariço consiste no cuidado com os cavalos...

Êutifron
Sim.

Sócrates
E que nem toda pessoa sabe cuidar da matilha, mas só o matilheiro...

Êutifron
Assim é.

Sócrates
Pois, eu presumo, a arte do matilheiro consiste no cuidado com a matilha.

Êutifron
Sim.

---

32. Sócrates explora o duplo sentido de "cuidado" (*therápeia*) – tratamento dispensado a um inferior (para que melhore; por exemplo, um animal) ou a um superior (para reverenciá-lo; por exemplo, um deus).

Sócrates
E a do boiadeiro, no com os bois...

Êutifron
Com certeza.

Sócrates
E a piedade então, e a religiosidade, no com os deuses, Êutifron? É isso que você está dizendo?

Êutifron
Estou!

Sócrates
Ora, todo cuidado não produz o mesmo efeito? Este, por exemplo: ele visa ao *bem* e ao *benefício* de quem é cuidado, como você vê que os cavalos, cuidados pela arte do cavalariço, beneficiam-se e tornam-se melhores; ou não lhe parece?

Êutifron
A mim sim.

Sócrates
E a matilha, eu presumo, pela arte do matilheiro, e os bois, pela arte do boiadeiro, e tudo mais do mesmo modo. Ou você pensa que o cuidado é para o *prejuízo* de quem é cuidado?

Êutifron
Por Zeus, eu não!

Sócrates
Mas para o benefício?

Êutifron
Como não?!

Sócrates
Ora, também a piedade, sendo "cuidado com os deuses", é um *benefício* aos deuses e faz *melhores* os deuses? E você concordaria com isso – que, quando faz algo piedoso, você efetua a *melhora* de um dos deuses?!

Êutifron
Por Zeus, eu não!

Sócrates
Eu também não penso, Êutifron, que você está dizendo isso (falta muito para eu pensar!), e por esse motivo eu lhe perguntava de que cuidado com os deuses você estava falando – por considerar que você não está dizendo uma tal coisa...

Êutifron
E você agiu corretamente, Sócrates, pois não estou dizendo uma tal coisa!

Sócrates
Pois bem. Mas que cuidado então com os deuses seria a piedade?

Êutifron
O que os escravos, Sócrates, têm com seus senhores.

Sócrates
Compreendo. Seria, pelo jeito, uma *arte de servir aos deuses*...

Êutifron
Isso mesmo.

Sócrates
Você poderia me dizer então – a arte de servir aos médicos, para a efetuação de que feito vem a ser arte de servir? Você não pensa que para a da saúde?

ÊUTIFRON
Penso sim.

SÓCRATES
Mas e a arte de servir aos construtores navais? Para a efetuação de que feito é arte de servir?

ÊUTIFRON
É claro, Sócrates, que para a da embarcação!

SÓCRATES
E a de servir aos arquitetos, eu presumo, para a da casa?

ÊUTIFRON
Sim.

SÓCRATES
Me diga então, ótimo homem: a arte de servir aos deuses – para a efetuação de que feito seria então arte de servir? Pois é claro que *você* sabe, já que afirma ser, dentre os homens, quem mais belamente sabe das coisas divinas!

ÊUTIFRON
E estou dizendo a verdade, Sócrates!

SÓCRATES
Me diga então, por Zeus: que tão belo feito é esse que os deuses efetuam valendo-se *de nós* como seus servidores?

ÊUTIFRON
Muitos e belos, Sócrates!

SÓCRATES
(14) Pois os generais também, meu caro! E no entanto você facilmente diria o feito capital deles – que efetuam a vitória na guerra, ou não?

ÊUTIFRON
Como não?!

Sócrates

E muitos e belos, penso eu, também os lavradores. E no entanto o feito capital de sua efetuação é o frutificar da terra...

Êutifron

Com certeza.

Sócrates

Mas e dos muitos e belos feitos que os deuses efetuam – qual é o capital de sua efetuação?

Êutifron

Mas eu lhe disse um pouco antes, Sócrates, que é enorme feito aprender *de maneira precisa* como se apresentam todas essas coisas. Porém, *de maneira simples*, lhe digo o seguinte: que, se alguém sabe dizer e fazer *o que é grato aos deuses* – ao orar e sacrificar –, que isso é piedoso, e que coisas assim põem a salvo tanto as famílias quanto o interesse comum das cidades; mas que o contrário ao grato é ímpio, e a tudo faz virar e ruir.

Sócrates

Certamente com muito mais brevidade, Êutifron, você, *se quisesse*, poderia ter me dito o feito capital sobre o qual eu o indagava... Mas você realmente não está disposto a me ensinar, é claro! Pois agora mesmo, justamente quando estava junto dele, você se desviou – resposta que, se você tivesse dado, já teria me deixado satisfatoriamente ensinado por você sobre a piedade. Mas agora, uma vez que é imperioso que o amante siga o amado por onde quer que esse o conduza,[33] o que então desta vez você está afirmando ser o piedoso e a piedade? Não está afirmando que é um *conhecimento do sacrificar e do orar*?

---

33. A referência anterior ao "amolecimento" ou "languidez" de Êutifron já sugeria a abordagem da sua relação com Sócrates em termos homoeróticos.

Êutifron
Estou sim.

Sócrates
Ora, sacrificar não é *doar* aos deuses, e orar *pedir* aos deuses?

Êutifron
Certamente, Sócrates.

Sócrates
Conhecimento então do pedir e do doar aos deuses – seria isso a piedade, por esse discurso.

Êutifron
Você entendeu muito belamente, Sócrates, o que eu disse!

Sócrates
Porque estou animado, meu caro, com sua sabedoria, e presto atenção nela para que não caia por terra o que quer que você diga... Mas me fale, que serviço é esse aos deuses? Você está afirmando que é tanto pedir a eles quanto a eles dar?

Êutifron
Estou sim.

Sócrates
Ora, então pedir corretamente não seria pedir isto a eles: aquilo de que precisamos da parte deles?

Êutifron
O que mais seria?

Sócrates
E dar corretamente, por sua vez, não seria doar de volta a eles isto: aquilo de que vêm a precisar de nossa parte? Pois, eu presumo, doar não seria uma arte se déssemos a alguém aquilo de que não precisa absolutamente...

Êutifron
Você está dizendo a verdade, Sócrates.

Sócrates
Uma arte do comércio mútuo, Êutifron, é o que seria então a piedade para deuses e homens.

Êutifron
Uma arte "do comércio", se lhe agrada chamar assim...

Sócrates
Mas a mim, pelos menos, nada agrada – a não ser se é verdade! Mas me fale, que benefício os deuses por acaso têm com as dádivas que de nós obtêm? Pois o que nos dão está claro a todos: **(15)** nada de bom temos, a não ser quando *eles* nos dão. Mas com o que obtêm de nós beneficiam-se em quê? Ou nesse comércio nós lucramos tanto com eles, que deles obtemos todas as coisas boas, e eles, de nós, *nada*?

Êutifron
Mas você pensa, Sócrates, que os deuses se beneficiam com essas coisas que obtêm *de nós*?

Sócrates
Mas o que seriam então, Êutifron, essas nossas dádivas aos deuses?

Êutifron
Que outra coisa você pensa, senão honra, prêmios e – aquilo que eu dizia há pouco – agrado?

Sócrates
Grato então, Êutifron, é o piedoso, mas não benéfico nem caro aos deuses?

Êutifron
Penso que a mais cara de todas as coisas!

Sócrates
Então o piedoso pelo jeito agora é isto: o caro aos deuses!

Êutifron
Com certeza!

Sócrates
Você vai se espantar então, ao dizer essas coisas, se os *seus* discursos mostrarem não permanecer parados, mas *perambular*, e vai responsabilizar *a mim*, o Dédalo, por fazê-los perambular, *você mesmo* sendo muito mais cheio de artifícios que Dédalo e os fazendo andar em círculos? Ou você não percebe que o nosso discurso, dando voltas, volta ao mesmo lugar? Pois você está lembrado, eu presumo, que anteriormente o piedoso e o apreciável aos deuses mostraram para nós não ser o mesmo, mas diferentes entre si; ou você não está lembrado?

Êutifron
Estou sim.

Sócrates
Você não se dá conta agora então de que está afirmando que o *caro aos deuses* é piedoso? E isso não é outra coisa senão o *apreciável aos deuses*, ou não?

Êutifron
Com certeza.

Sócrates
Ora, ou há pouco não reconhecíamos belamente, ou, se belamente antes, é agora que não estamos propondo corretamente...

Êutifron
Pelo jeito...

Sócrates
Do princípio então nós devemos novamente investigar o que é o piedoso, porque eu mesmo, antes de aprender, não vou voluntariamente me acovardar... Vamos, não me subestime, mas de qualquer maneira, prestando máxima atenção, me diga agora a verdade! Pois se algum dos homens sabe é você – e, como Proteu,[34] não deve ser liberado até falar! Se você não soubesse claramente o que é o piedoso e o ímpio, jamais seria possível que tencionasse, por causa de um trabalhador, atacar um idoso – seu pai – por homicídio: não só *dos deuses* você sentiria medo (de estar se arriscando a não agir corretamente), mas também *perante os homens* você sentiria vergonha. Mas agora sei bem que você pensa claramente saber o que é piedoso e o que não... Me diga então, ótimo Êutifron, e não me esconda o que considera isso!

Êutifron *(sentindo-se desconfortável)*
Uma outra vez, Sócrates, porque agora estou com pressa, e é hora de partir.

Sócrates *(para Êutifron, que já sai andando)*
É assim que você faz, meu amigo?! Privando-me de uma enorme esperança você vai embora – da que eu tinha de que, após aprender com você as coisas piedosas e não piedosas, também me livraria da denúncia de Meleto, **(16)** demonstrando a ele que já tinha me tornado sábio com Êutifron nas coisas divinas; que não mais por desconhecimento improvisaria nem abriria novo filão em relação a elas; e que, além do mais, pelo resto da vida, levaria uma vida melhor.

---

34. Divindade marinha com poder de profetizar. Precisava ser imobilizada para falar, pois mudava de forma continuamente.

APOLOGIA DE SÓCRATES

A DEFESA

Após ouvir os discursos da acusação, Sócrates faz perante 500 jurados sua defesa[35]

(17) O que vocês, varões atenienses,[36] sentiram com os meus acusadores, não sei; mas até eu mesmo, com eles, por pouco não me esqueci de mim, tão convincentemente falavam! Porém, de *verdadeiro*, a bem dizer, *nada* disseram. E das muitas mentiras que disseram, fiquei mais espantado com uma – esta: quando falaram que vocês deviam tomar cuidado para não serem enganados por mim, porque eu seria hábil em falar! Não terem vergonha de imediatamente serem refutados por mim com fatos (quando não me mostrar nem de uma maneira nem de outra hábil em falar) – isso me pareceu a coisa mais desavergonhada da parte deles. A não ser que chamem de "hábil em falar" *aquele que fala a verdade*: pois se é disso que estão falando, então eu reconheceria ser – não à maneira deles – um orador...[37]

Esses, então, como estava dizendo, quase nada de verdadeiro disseram. Mas vocês de mim vão ouvir toda a verdade – porém não, varões atenienses, por Zeus, discursos "beletrificados", como os deles, nem bem ordenados

35. O júri era composto por cidadãos do sexo masculino acima de trinta anos, indicados por sorteio.

36. Até receber a sentença, Sócrates evita chamar os que vão julgá-lo de "jurados" (como era costume). O termo só aparece no final e apenas para qualificar aqueles que o absolveram.

37. O que Sócrates na verdade faz nos parágrafos iniciais de sua defesa (e em outros momentos) é parodiar argumentos e construções comuns na oratória forense.

nas expressões e palavras;[38] vocês vão ouvir sim coisas ditas de improviso, com as palavras que me ocorrerem (pois acredito que são justas as coisas que digo), e que nenhum de vocês espere algo diferente! Certamente nem ficaria bem, varões, nesta minha idade me dirigir a vocês fabricando discursos como um adolescente.

Contudo, com intensidade, peço e solicito isto a vocês, varões atenienses: se vocês me ouvirem me defender com os mesmos discursos que costumo proferir não só na ágora, junto às bancas (onde muitos de vocês têm me ouvido),[39] mas também em outros lugares, não fiquem espantados nem façam tumulto por causa disso. Pois a situação é esta: subo agora, com setenta anos de idade, *pela primeira vez* ao tribunal;[40] logo, a linguagem daqui me é simplesmente estranha... E da mesma maneira que vocês, caso eu fosse de fato estrangeiro, certamente seriam condescendentes comigo, **(18)** se eu falasse com aquele sotaque e aqueles modos em que fui criado, também agora peço isso a vocês, conforme me parece justo: que deixem de lado meus modos de linguagem (seriam talvez piores, talvez melhores), e examinem propriamente *isto* e *nisto* prestem atenção – se falo coisas justas ou não. Pois enquanto a virtude do jurado é essa, a do orador é falar a verdade.[41]

Em primeiro lugar então, varões atenienses, acho justo me defender das primeiras acusações mentirosas

---

38. Sócrates emprega um termo raro, *kekalliepeménous* ("belamente formulados"), que devia ser um jargão cunhado pelos retores. Para recuperar o efeito do grego, criamos o termo "beletrificados".

39. As bancas (estabelecimentos bancários encarregados da troca de moedas) eram um tradicional local de encontro, muito frequentado.

40. Sócrates não quer dizer com isso que nunca esteve num tribunal, apenas que não havia se envolvido, até então, em nenhum processo.

41. "Virtude" (*aretḗ*), além do sentido moral mais restrito ("capacidade de realização do bem"), comporta também a ideia mais ampla, primeira, de "competência".

contra mim e dos primeiros acusadores, e em seguida das últimas e dos últimos. Pois acusadores meus junto a vocês tem havido muitos, e já há muitos anos, que nada de verdadeiro dizem, aos quais temo mais que aos que estão em torno de Anito, ainda que estes também sejam hábeis.[42] Mas aqueles, varões, são mais hábeis – os que, se encarregando da educação da maioria de vocês desde meninos, tentavam convencê-los e me acusar de algo ainda mais não verdadeiro: de que há um certo Sócrates, homem sábio, pensador das coisas suspensas no ar, e que tem investigado tudo que há sob a terra, e que torna superior o discurso inferior.[43]

Esses, varões atenienses, os que espalharam essa fama – esses são os meus mais hábeis acusadores, pois os que lhes deram ouvidos consideram que os que investigam essas coisas *também não creem em deuses.*[44] Depois, esses acusadores são muitos e têm me acusado já faz muito tempo, falando junto a vocês, além do mais, naquela idade em que mais seriam convencidos (alguns de vocês eram meninos ou adolescentes), simplesmente acusando

---

42. Figura mais importante dos três acusadores, Anito era um democrata atuante. Tem uma pequena participação no diálogo *Mênon*, no qual mostra ojeriza aos sofistas e irritação com as palavras de Sócrates. Pelo que está dito aqui, devia ser o verdadeiro articulador da acusação.

43. Essa acusação antiga liga Sócrates à filosofia física (que investigava os fenômenos da natureza) e aos sofistas (que ensinavam o uso da palavra para fins diversos e às vezes escusos) e vai ser retomada adiante. A proposição "tornar superior o discurso inferior" é atribuída a Protágoras de Abdera (cidade na Trácia), sofista cerca de quinze anos mais velho que Sócrates, famoso pelo pensamento relativista. É retratado por Platão num diálogo que leva seu nome.

44. Na visão da maioria, as teorias sobre a natureza e o universo roubavam aos deuses seu papel e importância e faziam desses filósofos homens ateus, descrentes das divindades tradicionais.

de forma isolada – sem que houvesse defesa. E o mais inominável de tudo é que não é possível saber e dizer nem seus nomes, a não ser de um que por acaso é *comediógrafo*.[45] E todos que, servindo-se da inveja e da calúnia, tentavam convencê-los, mais os que, uma vez convencidos eles mesmos, iam convencendo outros – todos esses são os mais inacessíveis, pois não é possível fazer subir aqui nem refutar *a nenhum deles*; simplesmente é imperioso bater-se como que com sombras ao se defender e refutar sem que haja resposta.

Aceitem então vocês também, segundo estou lhes dizendo, que se repartem em dois os meus acusadores – de um lado os que me acusaram há pouco, e de outro os que há tempos (dos quais eu estava falando), e pensem que é preciso que eu me defenda *destes* primeiro, pois vocês os ouviram me acusar *antes* e *muito mais* que os últimos.

Pois bem. Devo então me defender, varões atenienses, e tentar arrancar de dentro de vocês a calúnia **(19)** – essa que vocês cultivaram por muito tempo – assim, em pouco tempo...[46] Gostaria mesmo que as coisas se passassem desse modo, uma vez que é melhor tanto para vocês quanto para mim, e que eu me saísse bem em minha defesa. Mas penso que isso é difícil, e não me escapa inteiramente qual é a dificuldade... No entanto, que a coisa siga por onde for caro ao deus. À lei devo obedecer,[47] e devo me defender.

---

45. Referência a Aristófanes (445 a.C.-385 a.C.), o mais importante compositor de comédias da Atenas clássica.

46. O tempo para a defesa no tribunal era marcado pela clepsidra, o relógio d'água, e provavelmente não devia ultrapassar o limite de duas horas. Sócrates, mais adiante, voltará a se queixar do pouco tempo para sua defesa.

47. A obediência às leis, diante de uma condenação injusta, será o tema do *Críton*.

Retomemos então do princípio qual é a acusação, com base na qual surgiu a calúnia, a que precisamente dando crédito Meleto fez esta denúncia contra mim.[48] Pois bem. O que diziam os caluniadores ao me caluniarem? É preciso ler a declaração juramentada deles, como se de acusadores de fato: "Sócrates age mal e faz mais do que deveria ao investigar as coisas sob a terra e as celestes, e ao tornar superior o discurso inferior, e ao ensinar a outros essas mesmas coisas". É alguma coisa assim.[49] Vocês mesmos já viram isso na comédia de Aristófanes, um Sócrates lá *(aponta para o alto)*, balançando, afirmando "aeroandar" e asneando muitas outras asneiras sobre as quais não entendo coisa alguma, nem muito nem pouco...[50] E não falo desse tipo de conhecimento para desmerecê-lo, uma vez que há quem seja sábio em tais coisas (não quero de modo algum me defender de Meleto em tantas causas...). Mas o fato é que nelas não tomo parte alguma, varões atenienses. Apresento como testemunhas a maioria de vocês mesmos, e peço que vocês digam e se informem entre si, todos que alguma vez me ouviram dialogando (e muitos de vocês estão nessa situação) – que digam entre

48. Meleto: único acusador a ser mencionado no *Êutifron* e a ser interpelado durante a defesa.

49. Não eram acusadores oficiais; por isso Sócrates formula uma provável acusação formal, na qual é apresentado também como professor.

50. Referência à comédia *As nuvens*, composta por Aristófanes em 423 a.C. e reescrita cerca de cinco anos depois. Nela, Sócrates (que a essa altura tinha cerca de 45 anos) é ridicularizado nos termos da acusação, como filósofo ateu (que destitui Zeus e cultua em seu lugar as Nuvens, fornecendo explicações físicas para os fenômenos celestes), como sofista (que emprega astutamente a palavra) e como professor (que transmite seus conhecimentos no "Pensatório"). "Aeroandar", isto é, "andar pelos ares" (*aerobateîn*, um verbo inventado, talvez), é o que Sócrates diz estar fazendo no verso 225 da peça, enquanto balança num cesto suspenso.

si então se alguma vez, seja pouco, seja muito, algum de vocês me ouviu dialogando sobre essas coisas. E, a partir disso, vocês saberão que ocorre o mesmo também com as outras que a maioria fala sobre mim.

Mas não, não há nada disso, nem – se vocês já ouviram de alguém – que eu tenciono educar os homens e que faço dinheiro; isso também não é verdade.[51] Porque isso também me parece belo – alguém ser capaz de educar os homens como Górgias de Leontini, e Pródico de Ceos, e Hípias de Élis![52] *Cada um* deles, varões, é capaz de, indo a *cada uma* das cidades, convencer os jovens – aos quais é possível conviver *de graça* com os concidadãos seus que quiserem – **(20)** a que deixem aquele convívio e com eles convivam, dando-lhes dinheiro e, além de tudo, devendo-lhes gratidão! Aliás, há por aqui também outro sábio varão, de Paros, que eu soube estar na cidade porque encontrei, por acaso, o homem que tem gastado com os sofistas mais dinheiro que todas as demais pessoas juntas – Cálias, filho de Hipônico[53] –, e a ele perguntei (já que tem dois filhos): "Cálias", eu disse, "se seus dois filhos fossem potros ou bezerros, nós teríamos como arranjar e pagar um instrutor para eles, o qual iria torná-los belos e bons nas respectivas virtudes; esse seria ou um cavalariço ou um

51. Na comédia de Aristófanes, Sócrates, apesar da identificação com os sofistas, é de fato apresentado como um sujeito sem recursos.

52. Sofistas famosos, contemporâneos de Sócrates e ainda vivos em 399 a.C. Górgias de Leontini (cidade da Sicília) era professor de retórica e famoso pelo estilo elaborado. Pródico de Ceos (ilha do Egeu) era exímio conhecedor dos usos da palavra, tendo se dedicado aos estudos gramaticais e lexicais. Hípias de Élis (cidade do Peloponeso) era um homem de grande saber, nas mais diversas áreas. Górgias e Hípias têm papel de destaque em três diálogos: *Górgias*, *Hípias Menor* e *Hípias Maior*.

53. Cálias era um homem rico, que gostava de recorrer aos serviços dos sofistas.

lavrador; mas uma vez que são humanos, que instrutor você tem em mente arranjar para eles? Quem nesse tipo de virtude – humana e política[54] – é instruído? Pois penso que você, por ter tido filhos, tem examinado isso. Existe alguém", eu falei, "ou não?" "Com certeza", ele disse. "Quem?", eu disse, "de que lugar? e por quanto ensina?" "Eveno, Sócrates", ele disse, "de Paros; por cinco minas".[55] E eu felicitei esse Eveno, se possui verdadeiramente essa arte e assim comedidamente a ensina! Eu mesmo ficaria envaidecido e convencido se fosse instruído nessas coisas; mas uma vez que não sou, varões atenienses...

Um de vocês poderia então talvez retrucar:[56] "Mas Sócrates, sua atividade qual é? De onde surgiram essas calúnias contra você? Certamente não foi depois de você ter uma atividade em nada mais extravagante que as dos outros que surgiu tamanha fama e falação; só se você de fato fazia algo *diverso* do que a maioria faz... Diga-nos então o que é, para que não nos precipitemos a seu respeito". Quem fala assim me parece falar coisas justas, e eu tentarei lhes mostrar o que é isso que me trouxe tal nome e calúnia.[57] Escutem então. A alguns de vocês vai parecer talvez que estou brincando, porém fiquem sabendo: vou lhes dizer toda a verdade.

---

54. Sócrates jamais deixa de pensar o homem em seu papel dentro da comunidade.

55. Eveno de Paros (ilha do mar Egeu) era outro importante conhecedor da arte dos discursos. Cinco minas era um valor pequeno se comparado com o cobrado por outros sofistas, como Protágoras, que chegou a receber cem minas por seus ensinamentos. Uma mina equivalia a cem dracmas, a moeda (de prata) ateniense.

56. Aqui e em outras passagens, Platão coloca na boca de Sócrates um procedimento retórico comum, que consistia em formular e responder a possíveis objeções.

57. O nome "sábio".

Pois eu, varões atenienses, não obtive esse nome por nenhuma outra razão a não ser por causa de uma certa sabedoria. Que tipo de sabedoria é essa? A sabedoria que é humana, talvez. Na realidade, *nessa* corro o risco de ser sábio, mas aqueles que eu mencionava há pouco seriam talvez sábios numa sabedoria *maior* que a humana – ou não sei o que dizer... Nela, porém, eu mesmo não sou instruído, e quem diz que sim não só mente como fala para me caluniar. *(Alvoroço no tribunal)* Não façam tumulto, varões atenienses, nem se parecer que lhes falo de um modo excessivo, "pois não será meu o discurso", o que quer que eu venha a dizer:[58] vou antes o atribuir a um falante que, para vocês, é digno de fé. Pois como testemunha da minha sabedoria – se é de fato uma e qual é – vou apresentar o deus de Delfos.[59]

(21) Vocês conhecem Querefonte, eu presumo. Ele era meu companheiro desde moço e companheiro também de vocês – da maioria –, e foi junto com vocês para o recente exílio e junto retornou.[60] E vocês sabem como era Querefonte, o quão intenso naquilo em que se

58. Referência a um verso famoso de uma peça perdida de Eurípides, *Melanipo*.

59. Delfos, no monte Parnaso, era onde se situava o mais importante oráculo do deus Apolo. O nome antigo do lugar era Pito, e a sacerdotisa que dizia as profecias era chamada Pítia.

60. Querefonte, irmão de Querécrates, era um dos mais fiéis amigos de Sócrates. Na comédia *As nuvens* é apresentado como seu companheiro e chamado de "meio morto", por conta de sua palidez. "Maioria" designa aí o povo ateniense, a parte mais pobre da população, favorável ao regime democrático. Durante oito meses, entre 404 a.C. e 403 a.C., Atenas viveu sob o regime oligárquico, instituído por Esparta após sua vitória na Guerra do Peloponeso (431 a.C.-404 a.C.); isso levou vários democratas a se exilar. Diante de um júri *popular*, a lembrança pode ser oportuna, embora Sócrates, diferentemente de Querefonte, não tenha se exilado.

lançava. Pois certa vez, indo a Delfos, se atreveu a solicitar esta adivinhação (como eu estava dizendo, *não façam tumulto*, varões): perguntou se alguém seria mais sábio que eu. Retrucou então a Pítia que não havia ninguém mais sábio. A respeito disso este seu irmão *(aponta para o irmão)* lhes dará testemunho, uma vez que ele mesmo já morreu.

Examinem por que razão estou dizendo isso; é que vou lhes ensinar de onde surgiu a calúnia contra mim. Depois de ouvir aquelas palavras, fiquei refletindo assim: "O que é que o deus está dizendo, e o que é que está falando por enigma? Pois bem sei comigo mesmo que não sou sábio – nem muito, nem pouco. O que ele está dizendo então, ao afirmar que sou o mais sábio? Certamente não está mentindo, pois para ele não é algo lícito". E depois de ficar muito tempo em aporia (o que será que ele está dizendo?), a muito custo me voltei para uma investigação disso, da seguinte maneira: fui até um dos que parecem ser sábios, porque, se havia um lugar, era esse onde eu refutaria o adivinhado e mostraria ao oráculo – "este aqui é mais sábio do que eu, e você afirmava que era eu..."

Ao examinar bem então esse homem (não preciso absolutamente chamá-lo pelo nome;[61] era um dos envolvidos com a política esse junto ao qual tive, examinando-o, esta impressão) e ao dialogar com ele, varões atenienses, me pareceu que parecia ser sábio para muitos outros homens e principalmente para si próprio, *mas que não era*. Em seguida, fiquei tentando lhe mostrar que ele *pensava* ser sábio, mas que não era. A partir daí me tornei odioso a ele e a muitos dos circunstantes e, indo embora, fiquei então raciocinando comigo mesmo – "Sou sim mais sábio que esse homem; pois corremos o risco de

61. Sócrates talvez esteja se referindo aqui a Anito.

não saber, nenhum dos dois, nada de belo nem de bom, mas enquanto ele *pensa* saber algo, *não sabendo*, eu, assim como *não sei* mesmo, também *não penso* saber... É provável, portanto, que eu seja mais sábio que ele numa pequena coisa, precisamente nesta: porque aquilo que não sei, também não penso saber."

Daí me dirigi a um outro – dentre os que pareciam ser ainda mais sábios que aquele – e me pareceu a mesma coisa; e também aí me tornei odioso não só a esse homem mas também a muitos outros! Depois disso me dirigi a uma série, percebendo com perturbação e temor que me tornava odioso – e no entanto parecia imperioso ter na mais alta conta o dito do deus! "Devo ir então – para examinar o que o oráculo está dizendo – até *todos* aqueles que parecem saber algo." **(22)** E, pelo cão,[62] varões atenienses, já que é preciso lhes dizer a verdade, realmente, a impressão que eu tive foi esta: enquanto os mais benquistos por pouco não me pareceram (a mim que investigava em conformidade com o deus) *carentes máximos* de uma conduta reflexiva, outros – que parecem ser homens mais banais – *mais razoáveis* me pareceram!

Mas é preciso que eu exponha para vocês minha perambulação, que foi como enfrentar certos trabalhos só para que a adivinhação se tornasse irrefutável para mim...[63] Depois dos envolvidos com a política, me dirigi aos poetas (aos das tragédias, aos dos ditirambos e aos restantes),[64] para que aí sim eu viesse a me pegar em flagrante – como sendo mais ignorante que eles. Tomando

---

62. Juramento de origem egípcia, possivelmente. Muito usado por Sócrates (mas não só por ele), podia reforçar a acusação de impiedade.

63. Sócrates se compara nesse trecho a Héracles (ou Hércules, para os latinos), herói que teve de realizar doze trabalhos.

64. O ditirambo era um canto coral em honra ao deus Dioniso.

então seus poemas, aqueles que me pareciam mais bem realizados, eu lhes perguntava o que estavam dizendo, para que ao mesmo tempo aprendesse também algo com eles. Tenho vergonha, varões, de lhes dizer a verdade... Porém devo falar! A bem dizer, por pouco todos os circunstantes teriam falado melhor do que eles sobre as coisas que eles próprios tinham poetado!

Em pouco tempo então também a respeito dos poetas percebi isto: que não era por sabedoria que poetavam o que poetavam, mas por uma certa natureza e *inspirados*, tal como os adivinhos divinos e os proferidores de oráculos, pois também esses dizem muitas e belas coisas, mas nada sabem do que dizem. Os poetas me mostraram passar também por uma situação assim.[65] Ao mesmo tempo, percebi que eles, por causa da poesia, pensavam ser os mais sábios dos homens também nas demais coisas – *nas quais não eram*! Saí então também daí pensando me destacar pelo mesmo motivo pelo qual me destacava em relação aos envolvidos com a política.

Por fim, me dirigi aos técnicos.[66] Sabia comigo mesmo que eu, a bem dizer, não conhecia *nada*, mas quanto a eles – sabia que os descobriria conhecedores de muitas e belas coisas! E nisso não estava enganado: conheciam sim o que eu não conhecia, e por aí eram mais sábios que eu. Porém, varões atenienses, me parecerem ter, também esses bons trabalhadores, o mesmo defeito que os poetas:

---

65. A visão exposta aqui por Sócrates está de acordo com o que Platão apresenta no diálogo *Íon*. Na Grécia Antiga, os poetas eram tradicionais detentores do saber.

66. O termo grego *kheirotékhnes* (que traduzimos por "técnicos") designa todo aquele que detém o conhecimento prático de um ofício e, portanto, refere-se não só ao artesão e a qualquer trabalhador manual (pedreiro, carpinteiro etc.), mas também ao artista e ao médico, entre outros.

por efetuar belamente sua arte, cada um se achava também o mais sábio nas demais coisas (nas mais importantes!), e esta desmedida deles ocultava aquela sabedoria... De modo que fui perguntando a mim mesmo – em nome do oráculo – se eu preferiria ser assim como sou, nem sábio na sabedoria deles nem ignorante na ignorância, ou possuir essas duas coisas que eles possuem. Respondi então a mim mesmo e ao oráculo que seria mais proveitoso para mim ser como sou.

Foi precisamente por causa dessa "inspeção",[67] varões atenienses, **(23)** que surgiram muitos ódios contra mim, e assim tão duros e pesados, que a partir deles então muitas *calúnias* começaram a surgir – e fui chamado desse nome, de "sábio"... Pois os circunstantes toda vez pensam que eu mesmo sou sábio nas coisas a respeito das quais refuto alguém, mas corre-se o risco, varões, de na realidade *o deus* ser sábio, e com aquele oráculo afirmar isto: que a sabedoria humana pouco ou nada vale.[68] Parece ainda que ele não fala aquilo *de Sócrates*, mas se serve do meu nome para fazer de mim um modelo, como se dissesse – "Entre vocês homens o mais sábio é qualquer um que, como Sócrates, tenha reconhecido que, na verdade, em sabedoria não vale nada".

Por isso, então, ainda agora circulando, investigo e interrogo em conformidade com o deus – se penso que alguém, seja dos cidadãos, seja dos estrangeiros, é sábio.[69] E sempre que me parece que não, prestando um auxílio ao deus, mostro-lhe que não é sábio. Com essa falta de

---

67. Esse termo, muito usado por Sócrates, fazia parte da linguagem militar.

68. No diálogo *Fedro*, Sócrates diz que a denominação "sábio" (*sophós*) se aplica exclusivamente aos deuses, e que o homem pode ser apenas "filósofo" (*philósophos*), isto é, "amigo da sabedoria".

69. É importante lembrar que a grande maioria dos sábios ou sofistas de Atenas era composta de estrangeiros.

tempo, não tive tempo de realizar nem uma atividade da cidade digna de menção, nem familiar, e estou, por causa da servidão ao deus, numa penúria extrema...

Além do mais, os jovens que seguem comigo – os que têm mais tempo livre, entre os mais ricos, *por vontade própria* – gostam de ouvir os homens sendo "inspecionados", e eles mesmos muitas vezes me imitam, ou seja, tentam "inspecionar" outros... Como consequência, descobrem, penso eu, grande abundância de homens que *pensam* saber algo, mas que pouco ou nada sabem. A partir daí então os "inspecionados" por eles passam a odiar *a mim*, e não a si mesmos, e a dizer que Sócrates é um miasmático e corrompe os jovens... E quando alguém lhes pergunta o que ele faz e o que ensina, não têm nada a dizer – ignoram –, mas, para que não pareça que estão em aporia, falam aquilo que anda sempre à mão contra todos que filosofam – "as coisas suspensas no ar e as sob a terra, e a não crer em deuses, e a tornar superior o discurso inferior". Porque a verdade (penso eu) eles não gostariam de dizer: que há evidência de que, nada sabendo, só *fingem* saber.

Assim, por serem (penso eu) amigos do prestígio, intensos e numerosos, eles têm enchido os ouvidos de vocês – tanto antes quanto agora – com intensas calúnias. Foi com base nisso que Meleto veio para cima de mim, junto com Anito e Lícon[70] – **(24)** Meleto tomando as dores dos poetas, Anito as dos trabalhadores e dos envolvidos com a política, e Lícon as dos oradores. De modo que, como eu dizia no princípio, ficaria espantado se conseguisse arrancar de dentro de vocês, em tão pouco tempo, uma calúnia que está tão funda... Essa é, varões atenienses, a

70. Lícon completa o trio de acusadores, ao lado de Meleto e Anito. Parece ter sido um orador atuante. Anito é ligado aos trabalhadores porque era dono de um curtume.

verdade, e falo sem ocultar a vocês nem muito nem pouco, e sem empregar subterfúgios. Naturalmente, sei que em geral me torno odioso exatamente por isso, o que ainda comprova que estou dizendo a verdade, e que essa é a calúnia contra mim e que as causas são essas. É o que vocês, quer as investiguem agora, quer depois, descobrirão!

A respeito então das coisas de que me acusavam meus primeiros acusadores, essa defesa perante vocês é suficiente. Depois disso, perante Meleto – esse homem "bom e patriota", conforme diz ser – e perante os últimos tentarei me defender. Mais uma vez (como se fossem diferentes esses acusadores...), tomemos a declaração juramentada deles; é mais ou menos isto: "Sócrates age mal", diz, "ao corromper os jovens e ao não crer nos deuses em que a cidade crê, mas em coisas numinosas diferentes, novas". É uma queixa assim.[71] Mas inspecionemos cada ponto dessa queixa. Diz que ao corromper os jovens ajo mal. Mas eu, pessoalmente, varões atenienses, digo que *Meleto* age mal, porque fica se divertindo com o que é sério, ao conduzir homens a júri de modo leviano, ao fingir levar a sério e se afligir por questões pelas quais ele absolutamente jamais *militou*![72] Que isso é assim, tentarei demonstrar também a vocês.

---

71. Sócrates cita de memória a declaração escrita. As acusações feitas mais recentemente não diferem das mais antigas. A acusação de ateísmo, que ressalta entre os acusadores recentes, já era uma consequência da acusação mais antiga, que apontava a suposta investigação da natureza por parte de Sócrates. Da mesma maneira, a formulação anterior, de que ele "ensinava os outros", é agora retomada por meio da ideia de que "corrompia os jovens" – exatamente o que já fazia a personagem Sócrates na peça de Aristófanes. As "coisas numinosas" (*daimónia*) têm intencionalmente um sentido vago e abrangente.

72. Novo jogo, a partir daí, com o nome de Meleto, como no início do *Êutifron*.

Me diga aqui, Meleto: você faz outra coisa senão ter na mais alta conta que os mais jovens sejam os melhores possíveis?

"É o que faço."

Ande então, diga a estes *(aponta para o júri)*: quem os faz melhores? Pois é claro que você sabe, militante que é! Depois de descobrir quem (como você diz) os *corrompe*, você me convoca à presença destes aqui e me acusa. Mas quem os *faz melhores*, ande, lhes diga e revele: quem é?

(Silêncio)

Você está vendo, Meleto, como você se cala e não tem o que dizer? Na realidade, não lhe parece algo vergonhoso e prova suficiente do que eu dizia – que por isso você não tem absolutamente militado? Vamos, fale, bom homem: quem os faz melhores?

"As leis."

Mas não é isso que eu estou perguntando, ótimo homem, mas qual a *pessoa*, primeiro, que sabe exatamente isto – as leis.

"Eles, Sócrates, os jurados." *(Aponta para o júri)*

O que você está dizendo, Meleto? Que estes aqui têm condições de educar os jovens e fazê-los melhores?

"Com certeza."

Todos têm, ou alguns deles sim e outros não?

"*Todos.*"

Por Hera, você fala bem – e de uma grande abundância de beneficiadores! Mas e estes aqui, os ouvintes *(aponta para a plateia)*, os fazem melhores ou não?

"Eles também."

E os conselheiros?

"Os conselheiros também."[73]

---

73. Referência ao Conselho (*Boulé*), mais importante órgão administrativo da cidade. Tinha caráter pré-deliberativo e era formado por quinhentos cidadãos-conselheiros acima de trinta anos (cinquenta de cada tribo), escolhidos por sorteio todo ano.

(25) Mas então, Meleto, não me diga que os que vão à assembleia corrompem os jovens?[74] Ou eles *todos* também os fazem melhores?

"Eles também."

Pelo jeito então *todos* os atenienses os fazem belos e bons, *menos eu*: só eu os corrompo. É isso que você está dizendo?

"Com certeza, é isso mesmo que estou dizendo."

Imenso é o infortúnio que você me imputou! Me responda ainda: também com os cavalos lhe parece ser realmente assim – são *todos os homens* que os fazem melhores, enquanto é *um só* que os corrompe? Ou é inteiramente o contrário disso, tendo um só condições de fazê-los melhores, ou muito poucos – os cavalariços –, enquanto a maioria, se com cavalos convive e deles se serve, os corrompe? Não é assim, Meleto, seja com os cavalos, seja com todos os outros animais? Decerto que é, totalmente, quer você e Anito digam que sim, quer digam que não! Pois imensa seria para os jovens a bem-aventurança, se um só os corrompesse, enquanto os demais os beneficiassem... Mas você, Meleto, demonstra suficientemente que jamais deu atenção aos jovens e exibe claramente sua não militância – porque você não tem absolutamente militado pelas coisas em nome das quais me convoca.

Mas nos diga ainda, Meleto, em nome de Zeus: é melhor viver entre cidadãos prestativos ou sofríveis?

(Silêncio)

Responda, meu querido, pois não estou perguntando nada complicado. Os sofríveis não realizam algo de mau para os que estão sempre muito próximos deles, enquanto os bons algo de bom?

---

74. A assembleia do povo (*ekklesía*), com cerca de seis mil cidadãos, se reunia na Pnix (colina junto à Acrópole) para votar questões da política interna e externa.

"Com certeza."

Há então quem prefira ser prejudicado por aqueles com que convive a ser beneficiado?

(Silêncio)

Responda, bom homem! A lei o manda responder! Há quem prefira ser prejudicado?

"Certamente que não."

Muito bem. Você me convoca até aqui por eu corromper os mais jovens e fazê-los mais sofríveis *voluntária* ou *involuntariamente*?

"Voluntariamente, penso eu..."

Mas como, Meleto?! Você, que está com tal idade, é tão mais sábio que eu, que estou com esta,[75] a ponto de você mesmo já ter percebido que os maus realizam algo de mau sempre para os que estão muito perto deles, e os bons algo de bom, enquanto eu vou tão longe em minha ignorância a ponto de não perceber até isto – que, se tornar mesquinho um dos que convivem comigo, correrei o risco de receber dele algo de mau –, e portanto fazer esse mal tamanho *voluntariamente*, como você está dizendo? A mim você não convence disso, Meleto, **(26)** e penso que tampouco a nenhum outro homem... Ou eu *não corrompo* ou, se corrompo, o faço *involuntariamente*, de modo que você, em ambos os casos, mente! E se corrompo involuntariamente, por erros tais – involuntários – a lei não manda que se convoque até aqui, mas sim que se aborde a pessoa em particular, para ser ensinada e repreendida. Pois é claro que, em aprendendo, vou parar de fazer o que involuntariamente faço... Mas conviver comigo e me ensinar *você evitava e nunca quis* – e agora me convoca até aqui, aonde a lei manda convocar os que precisam de castigo, não de ensino...

---

75. No *Êutifron* está dito que Meleto era jovem. Sócrates, como afirma no início da *Apologia*, tem setenta anos.

Mas isso, a esta altura, está claro, varões atenienses (conforme eu dizia): que Meleto por essas coisas jamais *militou*, nem muito, nem pouco. Ainda assim, fale para nós: de que maneira, Meleto, você afirma que eu corrompo os mais jovens? Sim, claro, conforme está na denúncia que você fez: "Ensinando a não crer nos deuses em que a cidade crê, mas em coisas numinosas diferentes, novas". Não é ao ensinar isso que você está dizendo que os corrompo?

"Mas com certeza, é isso mesmo que estou dizendo."

Em nome então desses próprios deuses, Meleto, de que falamos agora, diga ainda mais claramente, para mim e para estes varões *(aponta para o júri)*, pois eu, pessoalmente, não sou capaz de compreender se você está dizendo que ensino a crer na existência de alguns deuses (e então eu próprio creio na existência de deuses e não sou absolutamente ateu nem é por aí que ajo mal) – porém não exatamente naqueles em que a cidade crê, mas em *diferentes*, e é por isso que você me intima, porque *diferentes* –, ou se você está afirmando cabalmente que eu próprio não creio em deuses e ensino isso aos demais...

"É isso que estou dizendo, que você não crê absolutamente em deuses."

Admirável Meleto, com que finalidade você diz isso? Eu não creio então nem que Sol nem que Lua são deuses, como os demais homens?[76]

"Não, por Zeus, varões jurados, uma vez que afirma que o Sol é pedra e que a Lua é terra!"

Você pensa que está acusando *Anaxágoras*, caro Meleto, e despreza assim estes aqui *(aponta para o júri)*,

---

76. O Sol e a Lua, por não terem culto específico na cidade, não seriam os primeiros deuses a virem à mente do ateniense. Na verdade, Sócrates formula assim sua pergunta para poder, na sequência, negar sua ligação com a filosofia naturalista.

pensando que são tão sem-recursos nas letras a ponto de não saberem que os livros de Anaxágoras de Clazômena é que estão cheios desses discursos?[77] Além do mais, é comigo que os jovens aprendem essas coisas – eles que podem, comprando-as de vez em quando não por muito (por uma dracma!) na orquestra,[78] rir de Sócrates caso venha a fingir que são suas, sobretudo sendo elas tão estranhas? Mas então, em nome de Zeus, é isso mesmo que lhe parece, que não creio na existência de deus algum?

"Que não, por Zeus, nem de uma maneira nem de outra!"

Você é inacreditável, Meleto! E assim como parece ser para mim, deve parecer para você mesmo...

Pois este homem *(aponta para Meleto)*, varões atenienses, me parece ser muito soberbo e insolente, e simplesmente fazer esta denúncia por uma soberba, uma insolência, uma molecagem. **(27)** Ele se assemelha a quem põe à prova compondo como que um enigma: "Será que Sócrates, o sábio, vai perceber que fico me divertindo e entrando em contradição comigo mesmo, ou vou enganar por completo a ele e aos demais ouvintes?". Pois me parece que este homem entra em contradição consigo mesmo em sua denúncia, como se dissesse: "Sócrates age mal ao não crer em deuses, embora crendo em deuses...". Mas isso é de quem está brincando!

Examinem então comigo, varões, por que ele me parece falar assim. Você, Meleto, responda-nos, e vocês, conforme

---

77. Filósofo nascido por volta de 500 a.C. Natural de Clazômena (cidade da Jônia), sofreu um processo e teve de deixar Atenas em 450 a.C., por conta de suas doutrinas irreligiosas. No diálogo *Fédon*, Sócrates fala da atração que a filosofia naturalista exerceu sobre ele em sua juventude.

78. Área do teatro ocasionalmente utilizada para o comércio ou alguma área específica da ágora com o mesmo nome. Uma dracma era um valor baixo para um livro (na verdade, um rolo de papiro).

lhes pedi no princípio, lembrem-se de não fazer tumulto, caso elabore meus discursos da maneira habitual.

Há dentre os homens, Meleto, quem creia na existência de assuntos humanos, mas na de homens não creia?

(*Meleto protesta em voz baixa*)

Que ele responda, varões, e não promova um tumulto atrás do outro! Há quem não creia na de cavalos, mas na de assuntos de cavalo sim? Ou não creia na existência de flautistas, mas na de assuntos de flauta sim?

(*Silêncio*)

Não há, melhor dos homens! Se você não quer responder, falo para você e para estes outros (*aponta para o júri*). Mas responda pelo menos ao que decorre disto: há quem creia na existência de *assuntos numinosos*, mas na de *numes* não creia?[79]

"Não há."

Que bom que você respondeu, mesmo que a muito custo, forçado por estes aqui! Ora, você não afirma que não só ensino, mas que também creio em *coisas numinosas*, quer novas, quer antigas? Portanto, *em coisas numinosas* pelo menos eu creio, de acordo com seu discurso, e a esse respeito você até jurou no ato de indiciamento... Se creio em *coisas numinosas*, decerto é muito imperioso que eu creia também em *numes*; não é assim?

(*Silêncio*)

Mas é! Vou colocá-lo reconhecendo que sim, já que não responde.[80] E quanto aos numes, não os consideramos, com efeito, *deuses* ou filhos de *deuses*? Você diz que sim ou não?

---

79. "Nume" (*daímon*) era, em Homero, um sinônimo para "deus" (*theós*). Depois o termo passou a designar divindades menores, ou um poder sobrenatural não especificado.

80. O vocabulário remete aqui à encenação teatral: "Vou colocá-lo *em cena* reconhecendo...".

"Com certeza."

Ora, se eu considero os numes (como você mesmo diz) e se os numes são determinados deuses – eis por que digo que você fala por enigma e fica se divertindo, ao afirmar que eu, embora *não* considere os deuses, volto a considerar por sua vez os deuses, já que os *numes* pelo menos eu considero... E se os numes, por sua vez, são determinados filhos bastardos dos deuses, nascidos de ninfas ou de outras mães quaisquer (das que também se diz que são),[81] qual dos homens consideraria a existência *dos filhos* dos deuses, mas *dos deuses* não? Seria igualmente estranho se se considerasse a existência dos filhos dos cavalos, ou mesmo dos jumentos – os semijumentos –, mas não a dos cavalos e a dos jumentos...[82]

O fato, Meleto, é que não há como não ser para nos pôr à prova que você fez esta denúncia, ou então porque você estava em aporia quanto à verdadeira má ação pela qual me intimaria... Mas para que você possa convencer algum dos homens, mesmo que tenha pouco bom-senso, de que a pessoa que considera coisas numinosas *não é* a mesma que considera coisas divinas, **(28)** e que por sua vez *é* a mesma que *não* considera nem numes, nem deuses, nem heróis – meio algum existe![83]

De todo modo, varões atenienses, não me parece ser o caso para uma extensa defesa (de que não ajo mal como

81. Sócrates fala dos nascidos da união de deusas (ninfas) com homens, ou de mulheres com deuses, o que resulta na identificação dos numes com os heróis, o que vai se confirmar logo na sequência.

82. "Semijumento" (*hemíonos*) é como se diz em grego "mulo" (ou "mula"), o resultado do cruzamento do jumento com a égua (ou da jumenta com o cavalo). Sócrates introduz o termo em sua comparação para que pensemos nos "semideuses" (*hemítheoi*), filhos de deuses com mulheres (ou de deusas com homens).

83. Essa construção, com o intuito deliberado de confundir, parodia procedimento da argumentação sofística.

diz a denúncia de Meleto): isso mesmo já é suficiente. Mas aquilo que eu dizia anteriormente – que contra mim surgiu muito ódio, e junto a muitos –, fiquem sabendo que é verdade. E é isso que me condenará, se é que vai mesmo me condenar: não Meleto, nem Anito, mas a calúnia e a inveja de muitos! Coisa que a muitos varões, belos e bons, tem condenado e ainda vai (penso eu) condenar; não há perigo algum de que pare em mim...

Alguém poderia então talvez dizer: "Mas você não sente vergonha, Sócrates, de ter se ocupado com uma tal ocupação, pela qual agora corre o risco de morrer?". E a ele eu contraporia justo discurso – "Você não fala belamente, homem, se pensa que precisa calcular o risco de viver ou morrer o varão que é de alguma serventia (mesmo que pequena), e que não examina, antes, apenas isto – se, quando age, age justa ou injustamente, e se os feitos são de bom ou vil varão! Pois banais seriam, ao menos pelo seu discurso, quantos semideuses em Troia morreram – especialmente o filho de Tétis, o qual, frente a ter de suportar algo vergonhoso, desprezou a tal ponto o risco que, no momento em que a mãe disse a ele, ansioso por matar Heitor, *sendo ela uma deusa*,[84] mais ou menos assim (penso eu), 'Filho, se você vingar o assassinato do companheiro Pátroclo e matar Heitor, você mesmo vai morrer,

que logo para ti está (diz), *depois de Heitor, pronto o fado*',

ele, ouvindo isso, fez pouco caso da morte e do risco e, temendo bem mais viver como vil, sem vingar os amigos,

'*que eu logo morra* (diz),

84. Sócrates sublinha o fato de ser uma deusa que fez o anúncio a Aquiles para indicar que suas palavras fatalmente se cumpririam.

justiçando quem agiu mal, para que eu não fique aqui sendo motivo de chacota,

junto às naus curvadas, fardo da terra'.[85]

Não me diga que você pensa que ele se preocupou com a morte e o risco?"

Pois na verdade, varões atenienses, assim é: no lugar onde nos posicionamos (por considerarmos o melhor) ou somos pelo comandante posicionados, nele devemos, segundo me parece, ficar e correr riscos, diante da vergonha não mais calculando nem morte nem nada mais. Eu mesmo agiria terrivelmente, varões atenienses, se, tendo antes ficado, como qualquer outro, no lugar onde me posicionavam, quando os comandantes (que vocês mesmos escolheram para me comandar) a mim me posicionavam (tanto em Potideia quanto em Anfípolis e no Délio),[86] e tendo corrido o risco de morrer, agora, ao contrário, com *o deus* a me posicionar, conforme pensei e supus – que devo viver filosofando e inspecionando a mim mesmo e aos outros –, **(29)** eu abandonasse meu posto, temendo a morte ou qualquer outro acontecimento.

Seria decerto terrível, e na verdade muito justamente então eu seria convocado até o tribunal, porque na exis-

---

85. Sócrates rememora passagem da *Ilíada* de Homero em que Tétis diz para o filho, Aquiles, que, se ele retornasse à guerra para vingar a morte do amigo Pátroclo (assassinado por Heitor, líder dos troianos), logo morreria. O diálogo da deusa com o herói é recriado livremente, com a citação parcial, e uma variação em relação à vulgata, dos versos 96, 98 e 104 do Canto 18.

86. Comandantes são os generais, escolhidos por voto. Sócrates participou dessas três batalhas nos anos de 432 a.C.-429 a.C., 422 a.C. e 424 a.C., respectivamente. Potideia e Anfípolis eram cidades da Calcídica, no extremo norte. Délio era o templo consagrado a Apolo (próximo à cidade de Lebadia, na Beócia) junto ao qual se travou o combate. Em duas das batalhas (Potideia e Délio) sabemos que Sócrates teve conduta admirável.

tência de deuses não creio ao desobedecer à adivinhação, ao temer a morte e ao pensar que sou sábio, quando não sou. Porque naturalmente, varões, temer a morte não é outra coisa senão parecer que se é sábio, quando não se é – pois é parecer que se sabe o que não se sabe... Mas a morte, ninguém sabe se acaso não é o maior de todos os bens para o homem – porém a temem como se soubessem ser o maior dos males! E o que é isso, senão aquela ignorância mais reprovável: a de se pensar saber o que não se sabe? Eu, varões, nisso talvez divirja aqui também da maioria dos homens. E se afirmasse que de fato sou mais sábio que alguém em algo, seria nisto – porque, assim como não sei o suficiente sobre as coisas no Hades,[87] também *penso* não saber...[88] No entanto, que agir mal e desobedecer a quem é melhor (deus ou homem) é mau e vergonhoso, bem sei! Portanto, diante de males que sei que são maus, aquelas coisas que não sei se acaso são boas jamais temerei nem evitarei.

Sendo assim, nem se agora vocês me liberarem, não dando crédito a Anito, que afirmava que, de início, não era preciso me trazer até aqui, ou que, uma vez trazido, não era possível *não me matar* (pois ele dizia a vocês que, se eu escapasse, os seus filhos, podendo já se ocupar com aquilo que Sócrates ensina, se corromperiam todos, totalmente); e se vocês, diante disso, me dissessem:[89] "Sócrates, agora não obedeceremos a Anito e o liberamos, mas com esta condição, de você não filosofar mais nem passar seu tempo

87. Nome da divindade infernal e do local para onde iam os mortos.

88. Anteriormente, Sócrates havia dito não saber e *não pensar* saber, como a maioria pensa. Aqui, trabalhando ainda com os mesmos verbos, ele inverte a formulação e diz não saber e *pensar* (isto é, ter consciência de) não saber, como a maioria não tem.

89. Sócrates trabalha nesse trecho com uma série de discursos hipotéticos.

se dedicando a essa investigação. Se você for pego a fazer ainda isso, morrerá"; se vocês portanto me liberassem, como eu disse, nessas condições, eu lhes diria:

"Varões atenienses, eu os saúdo e amo, mas obedecerei antes ao deus que a vocês e, enquanto respirar e tiver condições, receio não parar de filosofar e a vocês advertir e mostrar (a qualquer um de vocês que eu sempre encontrar), falando daquele jeito a que estou habituado – 'melhor dos homens, você, sendo um ateniense, da maior e mais reputada cidade em sabedoria e força, não sente vergonha de militar em favor do dinheiro (a fim de possuir o máximo possível), e da fama e da honra, mas em favor da reflexão, da verdade e da alma (a fim de ser a melhor possível) *não* militar nem se preocupar?' E se algum de vocês quiser discutir e disser que milita, não o liberarei de imediato nem me afastarei, mas vou interrogá-lo, e inspecioná-lo, e refutá-lo.[90] E se me parecer não ter adquirido a virtude – mas dizer que sim –, **(30)** vou reprová-lo por considerar de menos o digno do máximo, e o mais banal, demais. Farei isso com o mais jovem e com o mais velho (com qualquer um que eu encontrar), com o estrangeiro e com o concidadão – mais com os concidadãos, pelo tanto que, por raça, vocês me são mais próximos. Pois é isso – fiquem sabendo – que o deus me ordena, e eu mesmo penso que ainda não surgiu para vocês nenhum bem maior na cidade do que meu serviço ao deus! Nenhuma outra coisa faço enquanto circulo a não ser persuadir, tanto os mais jovens quanto os mais velhos dentre vocês, a não militar em favor nem do corpo nem do dinheiro – não antes (nem com a mesma intensidade) que em favor da *alma*, a fim de ser a melhor possível –, e vou dizendo que não surge do dinheiro a virtude, mas da virtude o dinheiro, e todos os demais bens humanos,

90. Exposição do método socrático, aplicado há pouco a Meleto.

públicos e privados. Se ao dizer então tais coisas corrompo os jovens, tais coisas teriam que ser danosas... Mas, se alguém afirma que digo coisas diferentes dessas, não diz nada! Diante disso, atenienses", eu diria, "quer vocês obedeçam a Anito quer não, quer me liberem, quer não me liberem, não poderei agir de outro modo nem mesmo se estiver prestes a morrer incontáveis vezes!"

(*Tribunal reage às declarações de Sócrates*)

Não façam tumulto, varões atenienses, mas se mantenham fiéis ao que solicitei a vocês – de não fazerem tumulto com as coisas que eu disser, e sim ouvir –, porque, conforme penso, vocês ainda tirarão proveito de me ouvir. Estou prestes a lhes dizer algumas outras coisas contra as quais talvez vocês gritem, mas não façam isso, de maneira alguma.

Pois fiquem sabendo: se vocês me matarem por ser desse jeito que digo que sou, não prejudicarão a mim mais do que a vocês mesmos! É que em nada me prejudicaria Meleto, ou Anito; nem seria capaz, pois não penso que é lícito um varão melhor ser prejudicado por um inferior. Poderia sim talvez me condenar à morte, ou ao exílio, ou à atimia.[91] Porém, se ele ou algum outro pensa talvez que essas coisas são grandes males, eu mesmo não penso – muito pior é fazer o que ele está fazendo, ao tencionar matar injustamente um homem. Portanto, varões atenienses, estou longe agora de falar em minha própria defesa, como se poderia pensar; falo sim *em defesa de vocês*, para que não errem – votando contra mim – em relação à dádiva do deus a vocês conferida.[92] Porque se vocês me matarem não vão encontrar facilmente outro desse jeito,

---

91. Perda dos direitos políticos em Atenas.

92. Sócrates, por ter passado a vida servindo a Apolo, considerava--se um presente do deus para a cidade, como repetirá mais adiante. Esse tipo de afirmação certamente não agradava ao júri.

simplesmente ligado à cidade – por ordem do deus – (ainda que seja algo um pouco risível de se dizer) como a um alto e nobre cavalo, que por causa da altura é um pouco lerdo e precisa ser despertado por algum moscardo...[93] Assim me parece, realmente, ter o deus me ligado à cidade, desse jeito; eu que de despertá-los e persuadi-los e reprová-los – um por um – não paro de modo algum, **(31)** o dia inteiro por toda parte assediando-os... Outro desse jeito não surgirá facilmente para vocês, varões, e se vocês me derem ouvidos me pouparão! Mas vocês poderiam talvez, quem sabe, ficar aborrecidos – como os que são despertados de um cochilo – e, me dando um safanão e ouvidos a Anito, poderiam facilmente me matar e então continuar dormindo pelo resto da vida, a menos que o deus, aflito por vocês, lhes enviasse um outro...[94]

Que por acaso sou eu esse tipo de homem – que à cidade pelo deus foi dado – vocês poderiam perceber a partir disto: é que não se assemelha a algo humano eu ter me despreocupado de tudo que é *meu* (e já por tantos anos aguentar a família sendo negligenciada) para realizar sempre o que diz respeito *a vocês*, me dirigindo a cada um em particular como um pai ou um irmão mais velho, tentando persuadi-los a se preocupar com a virtude. Se eu ganhasse algo com isso, se incitasse a isso só para obter meu pagamento, eles teriam algo que dizer. Mas agora vocês mesmos estão vendo que meus acusadores, que em tudo mais assim desavergonhadamente me acusam, ao menos não foram desavergonhados o bastante a ponto de apresentar testemunho *disto*: de que alguma vez para mim exigi ou pedi pagamento! E é suficiente, penso, que

93. Mosca que ataca bois e cavalos. Sócrates emprega mais uma vez um procedimento que é recorrente nos diálogos, de comparar o que está dizendo com fatos banais do dia a dia.

94. Talvez haja aqui referência ao mito de Ió, amante de Zeus transformada em novilha e perseguida por um moscardo enviado por Hera.

eu apresente esta testemunha de que estou dizendo a verdade: a Penúria.

Talvez possa parecer estranho que em particular eu dê esses conselhos – enquanto vou circulando – e atue além da conta, mas que em público não me atreva a subir perante vocês, a maioria, e dar conselhos à cidade. A causa disso é aquilo que vocês têm me ouvido muitas vezes mencionar, em muitos lugares: que algo divino e numinoso me vem, precisamente o que Meleto comicamente incluiu na denúncia... Começou de menino, uma voz que me vem, que quando vem é sempre para me dissuadir de fazer aquilo que estou prestes a fazer (jamais para me persuadir). É isso que se opõe a que eu faça política – e belissimamente se opõe, me parece. Pois fiquem sabendo, varões atenienses: se eu há tempos tivesse tencionado fazer política, há tempos estaria morto e em nada teria beneficiado nem a vocês nem a mim mesmo. Mas não se aborreçam comigo porque digo a verdade! É que não há quem venha a se salvar, dentre os homens, depois de se opor genuinamente a vocês ou a qualquer outra maioria, impedindo que muitas coisas injustas e ilegais ocorram na cidade; **(32)** antes é imperioso que o que realmente combate em nome do justo – mesmo que vá se salvar por pouco tempo... – atue privada, e não publicamente.

Eu mesmo vou lhes apresentar grandes provas disso – não palavras, mas aquilo que vocês mais apreciam: fatos. Ouçam então o que se passou comigo, para que vocês saibam que eu – contra o justo – não me sujeitaria *a ninguém* por receio da morte, e sem me sujeitar de imediato morreria. Direi coisas apelativas, de tribunais, mas verdadeiras.

Eu, atenienses, não ocupei jamais nenhum outro posto na cidade – só fui conselheiro.[95] E coincidiu de

95. Cada uma das dez tribos em que se dividia Atenas contribuía com cinquenta homens para o Conselho, que presidiam o órgão numa décima parte do ano.

nossa tribo, a Antióquida, estar na presidência quando vocês decidiram julgar *em bloco* os dez generais que não fizeram o resgate na batalha naval, de maneira ilegal, como pareceu a todos vocês tempos depois.[96] Só eu, então, entre os presidentes me opus a que vocês fizessem algo ilegal e votei contra. E embora os oradores já estivessem preparados para me indiciar e prender – e vocês incentivassem e gritassem –, pensei que meu dever era antes me arriscar ao lado da lei e do justo do que ficar do lado de vocês (que não estavam decidindo coisas justas) por medo da prisão ou da morte.

Isso era ainda com a cidade governada democraticamente. Mas depois que veio a oligarquia, foi a vez de os Trinta mandarem chamar logo a mim, e a mais quatro, à Rotunda, determinando que trouxéssemos de Salamina o salamínio Leon, para que morresse.[97] E coisas assim eles determinaram muitas vezes a muitos outros, no desejo de abarrotar de culpas o maior número possível de pessoas. Eu, no entanto, não por palavras, mas por atos, também dessa vez mostrei que com a morte me preocupo (se não fosse algo um pouco grosseiro de se dizer...) *nem um*

---

96. A batalha nas ilhas Arginusas, em frente a Lesbos, ocorreu em 406 a.C., perto do fim da Guerra do Peloponeso. Os atenienses saíram vencedores, mas devido a uma tempestade seus generais não puderam retirar os mortos (e os que ainda estavam vivos) do mar. O povo, temendo uma vingança dos cadáveres insepultos, condenou os comandantes à morte. Seis foram executados. O procedimento foi depois considerado ilegal porque deveria ter havido um julgamento em separado para cada general.

97. Em 404 a.C., com o fim da Guerra do Peloponeso, Esparta pôs no comando de Atenas trinta magistrados, que ficaram conhecidos na cidade como os Trinta Tiranos. Durante seu breve governo oligárquico, eles utilizaram as instalações da Rotunda, construção circular que no regime democrático abrigava a presidência do Conselho. Leon de Salamina (ilha do golfo Sarônico, próxima de Atenas) era um general rico e partidário da democracia.

pouco, enquanto que com não efetuar nada injusto nem ímpio, com isso me preocupo totalmente. Pois a mim aquele governo, por mais violento que fosse, não atordoou o bastante a ponto de me fazer efetuar algo injusto: depois que saímos da Rotunda, os outros quatro partiram na direção de Salamina e trouxeram Leon, enquanto eu, me afastando, parti na direção de casa...[98] E teria talvez morrido por causa disso, se o governo não tivesse sido rapidamente dissolvido. Também desses fatos vocês terão muitas testemunhas.

Vocês pensam então que eu teria vivido por tantos anos se tivesse realizado as atividades públicas e, realizando-as como é digno de um bom homem, tivesse vindo em socorro do lado justo e tido isso – conforme se deve ter – na mais alta conta? Faltaria muito, varões atenienses! Nenhum outro homem teria! **(33)** Ficará claro, porém, que eu, ao longo de toda a minha vida, em público (se algo realizei) fui *assim*, e em particular do mesmo jeito: nunca concordando com ninguém a respeito de nada que fosse contra o justo, nem mesmo com nenhum desses que meus caluniadores dizem ter sido meus alunos.[99]

Eu nunca fui professor de ninguém! Mas se alguém deseja me ouvir falar e realizar o que me concerne – seja mais jovem, seja mais velho –, isso nunca neguei a ninguém. Tampouco só dialogo quando obtenho dinheiro, e quando não obtenho, não: me coloco sim à disposição, igualmente, tanto do rico quanto do pobre, para que me interroguem e – caso queiram – ouçam por meio de respostas o que digo. Mas eu mesmo, se algum desses se torna

98. Um desses quatro talvez fosse Meleto, o acusador de Sócrates.

99. Provável referência a Crítias, partidário da oligarquia e um dos Trinta Tiranos, e a Alcibíades, democrata radical e inescrupuloso. Os dois fizeram parte do círculo de amizades de Sócrates e morreram poucos anos antes de seu julgamento.

prestativo ou não, não posso com justiça levar a culpa: nunca a nenhum deles nem prometi nem ensinei lição nenhuma! E se alguém afirma que alguma vez aprendeu ou ouviu de mim, em particular, algo que todos os outros não, fiquem sabendo que não está dizendo a verdade.

Mas por que será então que alguns gostam de passar muito tempo comigo? Vocês já ouviram, varões atenienses; eu lhes disse toda a verdade: porque gostam de ouvir os que pensam ser sábios (mas que não são...) sendo inspecionados, pois não é algo desprazeroso... Isso a mim, conforme já disse, *o deus* tem determinado fazer, a partir das adivinhações e dos sonhos – e por todos os meios com os quais qualquer outra providência divina alguma vez também determinou a um homem fazer o que quer que seja. Isso, varões atenienses, é algo não só verdadeiro, mas também facilmente verificável; se eu realmente a uns jovens estou corrompendo e a outros já corrompi, decerto seria necessário – caso, tornando-se mais velhos, alguns deles tivessem percebido que quando jovens lhes dei certa vez um mau conselho – que subissem agora perante vocês e me acusassem e castigassem! E se eles mesmos não quisessem, que alguns de seus familiares (pais, irmãos ou outros, os mais chegados) agora rememorassem isso e me castigassem, no caso de seus familiares terem sofrido comigo um mal!

De toda maneira, estão por aqui muitos deles, os quais eu mesmo estou vendo: *(apontando)* primeiro esse Críton, da minha idade e do meu demo, pai deste Critóbulo; depois Lisânias de Esfetos, pai deste Ésquines, e ainda esse Antifonte de Cefísia, pai de Epígenes. Há naturalmente esses outros, cujos irmãos estiveram presentes àqueles passatempos: Nicóstrato (filho de Teozótide), irmão de Teódoto – mas Teódoto está morto, de modo que não apelaria a ele –, e este Parálio (filho de Demódoco), de quem era irmão Teages; (**34**) e este Adimanto (filho de Ariston), de quem é irmão esse Platão, e Ajantodoro, de quem este Apolodoro é irmão.[100]

Eu posso mencionar para vocês muitos outros também – algum dos quais Meleto deveria de preferência ter apresentado como testemunha em seu discurso! Se ele então se esqueceu, que apresente agora (eu lhe cedo o lugar) e diga se tem alguma assim. No entanto, bem ao contrário disso, vocês encontrarão, varões, todos prontos a me *auxiliar*, ao "corruptor", ao "malfeitor" de seus familiares, como afirmam Meleto e Anito... Eles, os corrompidos, teriam talvez razão para me auxiliar, mas os incorruptos, já varões mais velhos, os mais chegados àqueles, que outra razão têm para me auxiliar senão a reta e justa: porque sabem que Meleto está mentindo, enquanto eu estou dizendo a verdade?

Pois bem, varões. O que eu teria para dizer em minha defesa é basicamente isso – e talvez algumas outras coisas que tais. Mas algum de vocês poderia talvez se abalar ao se lembrar do próprio caso; de que, mesmo se batendo num embate menor que este embate, apelou e suplicou aos jurados com muitas lágrimas – fazendo até as próprias crianças pequenas subirem aqui (para que se tivesse o máximo de pena possível), além de outros familiares e muitos amigos –, enquanto eu mesmo, claro, não farei nada disso, mesmo correndo este risco, *o risco extremo*, conforme pode lhe parecer. Refletindo então sobre essas coisas, alguém poderia talvez ficar mais altivo em relação a mim e, enraivecido precisamente por isso,

---

100. Sócrates era do demo de Alopece. Esfetos e Cefísia são outros dois demos de Atenas. Critóbulo (filho de Críton, o interlocutor de Sócrates no diálogo homônimo), Ésquines e Epígenes são aqueles que seriam defendidos pelos pais. Teódoto, Teages, Platão (o próprio autor da *Apologia*) e Apolodoro, pelos irmãos mais velhos. Platão, em 399 a.C., teria cerca de 28 anos.

depositar com raiva seu voto. Se algum de vocês está ficando assim – eu mesmo espero que não, mas se está –, me parece que para esse eu poderia falar palavras adequadas, dizendo-lhe – "Ótimo homem, também tenho alguns familiares, eu presumo... Pois também vale para mim aquele dito de Homero: eu 'nem de carvalho nem de rochedo' brotei, mas de homens";[101] de modo que tenho, varões atenienses, não só familiares, como filhos, três: um já adolescente e duas crianças pequenas.[102] No entanto, não é fazendo um deles subir aqui que vou pedir a vocês que votem a meu favor.

Por que então não farei nada disso? Não por ser altivo, atenienses, nem por subestimá-los (se fico valente em face da morte ou não é outra conversa),[103] mas é em face da opinião – sobre mim, sobre vocês e a cidade inteira – que me parece belo não fazer nada disso, **(35)** estando eu com esta idade e tendo este nome;[104] e, quer seja verdade, quer seja mentira, é opinião corrente que Sócrates difere em algo da maioria dos homens. Ora, se aqueles dentre vocês que parecem diferir em algo – seja em sabedoria, seja em coragem, seja em qualquer outra virtude – se comportarem *desse jeito*, seria vergonhoso! Eu mesmo várias vezes vi uns assim, que, apesar de parecerem ser alguma coisa, quando julgados agem de modo espantoso, como se pensassem que haveriam de sofrer algo terrível no caso de morrerem – como se houvessem de ser imortais,

101. Referência a parte do verso 163 do Canto 19 da *Odisseia*, quando Penélope pergunta a Odisseu (disfarçado de mendigo) de que família ele vem, *pois de alguma tinha que ter nascido.*

102. Os filhos de Sócrates eram Lâmprocles (já adolescente), Sofronisco (mesmo nome do avô) e Menexeno.

103. A discussão sobre a imortalidade da alma – a última de que Sócrates participa, no dia de sua morte – é narrada no *Fédon.*

104. Isto é, de "sábio".

caso vocês não o matassem... Eles me parecem cobrir a cidade de vergonha, a ponto de qualquer estrangeiro poder supor que aqueles que aqui diferem em virtude – os que os atenienses, em detrimento de si mesmos, escolhem para os postos e demais honrarias –, que esses em nada diferem das mulheres... Isso então, varões atenienses, nós (os que parecemos ser alguma coisa, da maneira que for) não devemos fazer, nem devem vocês, se o fazemos, ser lenientes, mas antes mostrar precisamente isto: que votariam muito mais contra o que produz esses dramas dignos de pena e faz da cidade motivo de chacota, do que contra o que se conduz sossegadamente.

Opiniões à parte, varões, não me parece justo apelar ao jurado e, apelando, escapar, mas antes instruir e persuadir. Pois não é para isso que o jurado toma assento – para fazer da justiça favor –, mas para *julgar*. E ele não jurou favorecer a quem bem lhe parecesse, mas sim *fazer valer as leis*. Portanto, nem nós devemos acostumá-los – a vocês – a jurar em vão, nem vocês devem se acostumar, pois nenhum de nós estaria sendo religioso... Sendo assim, não esperem, varões atenienses, que eu me obrigue a fazer tais coisas com vocês, as quais não considero nem belas, nem justas, nem piedosas, principalmente, por Zeus, quando estou me defendendo da acusação de irreligiosidade feita por este Meleto aqui *(aponta para o acusador)*. Porque, evidentemente, se os persuadisse e com meu apelo os forçasse a violar os juramentos, a existência de deuses eu os estaria ensinando a *não considerar*, e simplesmente estaria, ao me defender, fazendo minha própria acusação – de que não creio em deuses... Mas falta muito para ser assim! Pois eu creio, varões atenienses, como nenhum dos meus acusadores crê; e deixo agora com vocês – e com o deus – me julgarem conforme há de ser melhor, tanto para mim quanto para vocês.

A definição da pena

Com 220 votos a seu favor e 280 contra, Sócrates é considerado culpado. A pena que havia sido proposta pela acusação era a morte, mas ele pode sugerir para os jurados uma punição alternativa

(**36**) Eu não me abalar, varões atenienses, com esse resultado – vocês terem votado contra mim – está ligado, entre muitas outras coisas, principalmente ao fato de que esse resultado não foi inesperado para mim; estou muito mais espantado com o número de votos que resultou de cada lado. Eu pelo menos não pensava que seria assim, por pouco, mas por muito! E, pelo jeito, se apenas trinta dos votos tivessem mudado de lado, eu teria escapado...[105] Mas de Meleto, segundo me parece, ainda agora escapei – e não só escapei, como a todos isto ao menos ficou claro: que se Anito (junto com Lícon) não tivesse subido aqui para me acusar, ele também teria sido condenado a pagar mil dracmas por não ter obtido a quinta parte dos votos.[106]

O homem estipula então para mim a pena de morte. Pois bem. Mas e eu, qual vou contraestipular para vocês, varões atenienses? Claro que uma *merecida*, não? E então? O que mereço receber ou oferecer como retratação – por não ter me conduzido sossegadamente na vida, e não

105. O empate na votação – 250 votos para cada lado – absolvia o réu.

106. Sócrates divide os 280 votos que recebeu pelos três acusadores, o que confere a cada um a "responsabilidade" por pouco mais de 90. O cidadão que fazia a acusação, segundo as leis atenienses, era multado em mil dracmas se não conseguisse pelos menos cem votos dos jurados. Essa medida evitava que houvesse uma enxurrada de acusações descabidas.

ter militado em favor daquilo por que a maioria milita (dinheiro e negócios, liderança do exército e liderança do povo, e demais postos e conchavos e agrupamentos que existem na cidade), depois de considerar que eu próprio era, na realidade, honesto demais para sair vivo se fosse ao encontro disso; e por aí não fui (por onde eu não iria ser de nenhuma serventia nem para vocês nem para mim mesmo), mas, me encaminhando para beneficiar cada um, em particular, com a maior benfeitoria – por aí sim (como estava dizendo) fui, tencionando persuadir cada um de vocês a não militar nem em favor de nenhuma de suas próprias coisas – antes de militar em favor *de si próprio*, a fim de ser o melhor e o mais sensato possível –, nem em favor das coisas da cidade – antes de em favor *da própria cidade* –, e assim, da mesma maneira, militar em favor das demais coisas.

O que eu mereço então receber, sendo desse jeito? Algo *bom*, varões atenienses, se é preciso mesmo que eu verdadeiramente estipule isso segundo o merecimento. E, além do mais, bom de um jeito que possa ser *conveniente para mim*. Ora, o que convém a um varão na penúria, que é benfeitor e necessita ter tempo livre para incitá-los? Não há nada assim mais conveniente, varões atenienses, do que um homem que é desse jeito fazer sua refeição no Pritaneu – muito mais do que se algum de vocês no cavalo, na biga ou na quadriga tivesse vencido em Olímpia.[107] Porque esse faz vocês *parecerem* felizes, enquanto eu, *serem*; e esse não necessita de modo algum

107. De forma provocativa, Sócrates propõe como punição receber uma das maiores honrarias para os atenienses: comer à custa da cidade no Pritaneu. Nesse prédio público, onde o fogo da cidade permanecia sempre aceso e estavam afixadas as leis de Sólon, eram alimentadas figuras importantes, como atletas que se destacavam nos Jogos Olímpicos e hóspedes oficiais.

de sustento, enquanto eu necessito! Se é preciso então que eu – segundo o que é justo – estipule a pena *merecida*, (**37**) estipulo essa: refeição no Pritaneu.

Talvez, ao dizer isso, a vocês pareça que falo de uma maneira muito próxima daquela com que tratei a compaixão e a humilhação: sendo bastante *altivo*. Mas não é bem assim, atenienses. É mais isto: estou convencido de que não ajo mal, voluntariamente, com homem nenhum, mas não consigo convencê-los disso, pois dialogamos por pouco tempo uns com os outros... Porque, segundo penso, se fosse lei para vocês (como é para outros homens) não julgar – quando se trata de morte – em um único dia apenas, mas em muitos, vocês teriam sido convencidos.[108] Mas agora não é fácil, em pouco tempo, desfazer grandes calúnias.

Estando de fato convencido de não agir mal com ninguém, estou longe de vir a agir mal comigo mesmo – e, contra mim mesmo, dizer que mereço algo *mau* e estipular para mim uma pena assim. Por medo de quê? De que receba essa que Meleto estipula para mim – algo que, se é bom ou se é mau, digo que não sei? No lugar dessa devo então escolher o que bem sei que são males, e estipular isso? Talvez o meu aprisionamento? Mas por que devo viver na prisão, como escravo do poder dos Onze, sempre a postos?[109] Ou uma multa, e ficar preso até que pague tudo? Mas dá no mesmo para mim (aquilo que eu dizia agora há pouco), pois não tenho dinheiro com que pagar. Devo estipular então o exílio? Vocês talvez estipulassem essa pena para mim...[110]

---

108. Referência à legislação espartana.

109. Os Onze eram magistrados, escolhidos por sorteio, que executavam as sentenças e administravam a prisão.

110. O mais provável é que a acusação, ao propor a pena de morte, esperasse que Sócrates contrapropusesse, para si, o exílio.

Porém, um enorme apreço pela vida teria de se apossar de mim para eu ficar tão desprovido de razão a ponto de não ser capaz de raciocinar que, se vocês, que são meus concidadãos, não puderam mais suportar meus passatempos e discursos (os quais se tornaram tão pesados e detestáveis para vocês que agora mesmo buscam se livrar deles), como outros os suportarão com facilidade? Falta muito, atenienses! Bela vida seria a minha se eu, um homem com esta idade, fosse viver fora, mudando – e sendo expulso – de uma cidade para outra... Pois bem sei que, aonde quer que eu vá, os jovens me escutarão falar, como aqui. E se a esses eu *rejeitar*, eles mesmos vão me *ejetar*, convencendo os mais velhos; mas se não os rejeitar, seus pais e familiares é que vão, por causa desses mesmos jovens...

Alguém poderia então talvez dizer: "Mas não nos diga, Sócrates, que você não vai conseguir viver fora *calado e conduzindo-se sossegadamente*?". Esta aqui é, de todas as coisas, a mais difícil de fazer alguns de vocês entenderem... Pois se eu disser, por um lado, que isso é desobedecer ao deus e que por isso é impossível conduzir-me sossegadamente, (**38**) vocês não vão me dar ouvidos, porque eu estaria sendo irônico.[111] E se eu disser, por outro, que acontece também de ser esse o maior bem para o homem – fazer discursos todos os dias sobre a virtude e as demais coisas sobre as quais vocês me ouvem dialogar, inspecionando a mim mesmo e aos outros –, e que a vida sem inspeção não vale a pena ser vivida pelo homem, aí é que vocês, enquanto falo, vão me dar menos ouvidos ainda...

A situação, como estava dizendo, atenienses, é essa, e convencê-los disso não é fácil. Ao mesmo tempo, também, não estou habituado a me achar merecedor de mal algum... Se eu tivesse dinheiro, teria estipulado um tanto

111. A ironia se associa aqui à ideia de fingimento.

que poderia pagar (pois eu não seria em nada prejudicado...). Mas o fato é que agora não tenho; a não ser que vocês queiram estipular para mim um tanto que eu seria capaz de pagar. Talvez eu seja capaz de lhes pagar uma mina de prata. É quanto estipulo, então. (*Alguns homens na plateia lhe fazem um sinal*) Este Platão aqui (*apontando*), varões atenienses, e Críton, e Critóbulo, e Apolodoro, mandam que eu estipule trinta minas, que eles mesmos afiançam. É quanto então estipulo, e junto a vocês serão fiadores da prata esses homens, dignos de fé.

A condenação final

Diante das palavras de Sócrates, 360 dos 500 jurados votam por manter a pena proposta pela acusação e sentenciam-no à morte por envenenamento

Por causa do imediatismo, varões atenienses, vocês terão, junto aos que quiserem achincalhar a cidade, a fama e a culpa de terem matado Sócrates, "sábio varão". Porque dirão sim que sou sábio – ainda que não seja – os que quiserem reprová-los! Mas se vocês tivessem esperado um pouco mais, isso teria acontecido naturalmente... Pois vocês estão vendo minha idade, que já vou avançado na vida e estou perto da morte. Não falo isso para todos vocês, mas para os que votaram pela minha morte. E para esses mesmos digo também o seguinte.

Vocês talvez pensem, varões, que fui condenado por estar em aporia quanto àqueles tipos de discursos com que poderia tê-los convencido, depois de pensar que precisava fazer e dizer de tudo para escapar da punição. Mas falta muito mesmo! Fui condenado por estar em aporia não quanto aos discursos, mas quanto ao atrevimento, à falta de vergonha, à vontade de lhes falar aquelas palavras que para vocês teriam sido mais agradáveis de ouvir – eu gemendo, me lamentando, fazendo e dizendo muitas outras coisas indignas de mim (como eu dizia), do tipo precisamente que vocês estão habituados a ouvir dos outros...

Mas nem antes pensei que era preciso – por causa do risco – agir de modo servil, nem agora me arrependo de ter me defendido assim: prefiro muito mais morrer depois de ter me defendido desta maneira a ter que viver daquela. (**39**) Pois nem numa causa, nem numa guerra, não se deve – nem eu, nem nenhum outro – maquinar isto: de tudo fazer para escapar da morte. E nas batalhas muitas vezes fica claro que se pode escapar de morrer depondo-se as armas e dirigindo-se uma súplica aos perseguidores; há ainda, para cada situação de risco, muitas outras maquinações para se escapar da morte, se a pessoa tiver o atrevimento de tudo fazer e dizer. Mas talvez isso não seja difícil, varões: escapar da morte. Mas da baixeza sim, muito mais difícil! Pois "mais forte que a morte se move".[112] E eu, por ser lerdo e mais velho, fui pego agora pela mais lerda, enquanto meus acusadores, por serem hábeis e afiados, pela mais ágil: a vileza! E eu partirei agora condenado – por vocês – à pena de morte, enquanto eles, condenados – pela verdade – à mesquinhez e à injustiça. E tanto eu me atenho ao estipulado quanto eles... Eu presumo que era preciso talvez que essas coisas fossem assim e penso que elas têm a justa medida.

Mas é o que está por vir que desejo profetizar para vocês, os que votaram contra mim, pois já estou naquele ponto em que os homens mais profetizam: quando estão prestes a morrer.[113] *Afirmo que a vocês, varões (aos que me mataram), um castigo há de chegar logo depois da minha morte – muito pior, por Zeus, que aquele com que vocês me mataram. Porque vocês fizeram isso pensando que haveriam de se livrar de ter de submeter suas vidas à refutação, mas vai se passar com vocês inteiramente o contrário, conforme eu mesmo afirmo: serão mais numerosos os seus refutadores, aos quais eu continha, sem que vocês percebessem. E serão tanto mais duros quanto mais jovens forem, e vocês ficarão*

---

112. Ao que tudo indica, Sócrates faz menção aqui a um dito popular. A tradução busca recuperar a sonoridade do original.

113. A ideia de que o moribundo é capaz de prever o futuro já aparece na *Ilíada* de Homero (*Il.16*, 843-861 e *Il. 22*, 355-366).

mais abalados ainda.[114] *Pois se vocês pensam que, matando homens, haverão de impedir que alguém os reprove por não viverem corretamente, não raciocinam corretamente; é que esse livramento não é de todo possível nem belo, mas aquilo sim é belíssimo e facílimo: não podar os outros, mas se equipar para ser o melhor possível!* Depois então de adivinhar tais coisas para vocês que votaram contra mim, estou livre para morrer.[115]

Já com os que votaram a meu favor, teria prazer em dialogar sobre isso que ocorreu aqui, enquanto os magistrados estão ocupados e ainda não vou para onde devo ir morrer.[116] Fiquem então comigo, varões, esse tanto de tempo, pois nada impede de conversarmos uns com os outros o quanto for possível. A vocês, como se fossem meus amigos, **(40)** quero mostrar o que significa isso que acaba de se passar comigo. É que aconteceu comigo, varões jurados (e chamando-os de jurados eu os chamaria corretamente), algo espantoso! A minha habitual voz divinatória, numinosa, era antes a toda hora sempre muito assídua e se opunha mesmo nas coisas muito pequenas, caso eu estivesse prestes a realizar algo incorreto; mas agora acaba de se passar comigo (conforme vocês mesmos estão vendo) aquilo que qualquer um pensaria – e que se crê – ser o mal extremo, e a mim o sinal do deus não se opôs nem quando saí cedo de casa, nem enquanto subia aqui para o tribunal, nem em momento algum do meu discurso, quando ia dizer algo – e, no entanto, em outros discursos, em muitos momentos interrompeu sim minha fala no meio!

114. Alguns veem aqui uma referência à atuação do próprio Platão.

115. Sócrates, em tom solene, fala como se fosse um herói agonizante a dizer suas últimas palavras, que destacamos em itálico. Tentou-se reproduzir o jogo entre *apalláxesthai* ("haveriam de se livrar"), *apallagé* ("livramento") e *apalláttomai* ("estou livre para morrer").

116. "Magistrados": referência aos Onze.

Mas agora, em torno desta ação, em momento algum, em ato ou discurso algum, ele se opôs a mim.

Devo supor então que o motivo é qual? Eu mesmo vou lhes dizer: corre-se o risco de que isso que acaba de se passar comigo seja um bem, e não há como estarmos supondo corretamente, todos que pensamos que morrer é um mal... Tenho uma grande comprovação disso: pois não há como o sinal habitual não ter se oposto a mim, a não ser que eu estivesse prestes a realizar algo bom.

Reflitamos então também por aí: de que há muita esperança de que seja um bem. Pois morrer é uma destas duas coisas: ou é como um nada e o morto não tem nenhuma sensação de nada, ou (conforme se diz por aí) ocorre de ser uma transmigração e uma transferência da alma aqui deste lugar para um outro lugar.[117] Se não há sensação nenhuma, mas é como um sono em que não se vê, dormindo, sonho nenhum, que espantoso ganho a morte seria![118] Pois eu penso que, se fosse preciso que alguém elegesse aquela noite em que adormeceu tanto que nem sonho viu e, comparando as demais noites e dias de sua vida com aquela noite, fosse preciso que examinasse e dissesse quantos dias e noites viveu em sua vida melhor e mais docemente do que naquela noite, penso não que um homem comum, mas que o grande Rei, o próprio,[119] acharia essas mais fáceis de enumerar do que os demais dias e noites... Se, portanto, a morte é isso, eu mesmo digo:

---

117. Referência à doutrina pitagórica, ou órfica, que postulava a reencarnação da alma.

118. Os gregos antigos acreditavam que o sonho se "postava" sobre a cabeça de quem dormia, e que portanto não se "tinha" um sonho, mas se "via" o sonho.

119. O "grande Rei" é como Sócrates se refere ao monarca persa, exemplo máximo, para os gregos, de alguém que levava uma existência feliz.

é um ganho! Pois a totalidade do tempo parece mesmo ser assim – nada mais do que uma única noite.

Se, por outro lado, a morte é como viajar daqui para outro lugar, e o que se diz por aí é verdade – que lá estão todos os mortos –, que bem maior que esse pode haver, varões jurados? Se, chegando ao Hades, **(41)** livres desses que dizem ser jurados, vamos encontrar os jurados de verdade, os quais (também segundo o que se diz) por lá julgam – Minos, Radamante e Éaco, mais Triptólemo e outros tantos semideuses que foram justos em suas vidas –, será que pode ser banal a viagem?[120] Para conviver com Orfeu e Museu, com Hesíodo e Homero, quanto qualquer um de vocês não aceitaria pagar?[121] Eu quero é morrer incontáveis vezes se isso for verdade! Porque para mim, particularmente, seria espantoso passar o tempo por lá, cruzando com Palamedes, Ájax Telamônio e qualquer outro dos antigos que morreu por uma decisão injusta;[122] e confrontar os meus sofrimentos com os deles não seria

---

120. Minos e Radamante eram lendários reis cretenses, filhos de Zeus e Europa. Minos teria sido o primeiro a governar Creta com retidão, e Radamante teria dado à ilha seu primeiro código de leis. Éaco, avô de Aquiles, tinha reputação de piedoso e justíssimo. Os três, depois de mortos, passaram a desempenhar o papel de juízes no Hades. O herói Triptólemo estava ligado à deusa Deméter e aos mistérios de Elêusis, que envolviam revelações sobre a vida após a morte.

121. Orfeu e Museu são figuras lendárias de cantores. Hesíodo e Homero teriam vivido por volta do século VIII a.C., e com sua poesia épica consolidaram a forma como os deuses eram representados.

122. Durante a expedição a Troia, Odisseu, para se vingar de Palamedes, forja provas de que ele estaria colaborando com os troianos, fazendo assim com que Agamênon o condenasse à morte por traição. Ájax, filho de Têlamon, é o guerreiro que se mata depois de se sentir injustiçado por não ter recebido as armas de Aquiles, dadas a Odisseu.

(segundo penso) sem atratividades...[123] E o principal: levar a vida inspecionando e interrogando os de lá como os daqui – quem deles é sábio, e quem pensa ser, mas não é. Quanto, varões jurados, qualquer um não aceitaria pagar para inspecionar aquele que conduziu até Troia numeroso exército, ou Odisseu, ou Sísifo – milhares de outros poderiam ser mencionados, homens e mulheres, com os quais dialogar, conviver, inspecionar, seria uma felicidade inconcebível![124] De toda maneira, por causa disso ao menos os de lá decerto não matam. O fato é que são mais felizes os de lá que os daqui – entre outros motivos, porque a essa altura são imortais pelo resto do tempo (se é que é verdade o que se diz por aí...).

Mas é necessário que vocês também, varões jurados, tenham esperanças em relação à morte e pensem nesta única verdade: que para o homem bom não há mal algum, nem quando vive, nem quando morre, e seus assuntos não são negligenciados pelos deuses. Essas coisas não se passaram agora comigo por acaso, mas para mim está claro isto: que a esta altura morrer e ficar livre dos meus assuntos era melhor para mim. Por isso também em momento algum o sinal me dissuadiu, e com os que votaram contra mim e os meus acusadores eu mesmo não me exaspero muito. No entanto, não foi com esse pensamento que votaram contra mim e me acusaram, mas pensando em me prejudicar, pelo que merecem ser censurados.

---

123. Jogo de palavras entre "Hades" (*Haídes*) e "desprazeroso" (*aedés*), que tentamos reproduzir.

124. Referência a Agamênon, líder das tropas gregas que foram a Troia para recuperar Helena; a Odisseu, herói astucioso, protagonista da *Odisseia*; e a Sísifo, que recebeu como castigo, por sua impiedade, ver sempre rolar morro abaixo a rocha que tinha conduzido ao topo. Sócrates reúne aqui três figuras moralmente questionáveis.

Peço a eles, porém, apenas isto (voltando-se para os que o acusaram e condenaram): que aos meus filhos, quando chegarem à mocidade, vocês castiguem, varões, perturbando-os da mesma maneira que eu perturbava a vocês, caso eles lhes pareçam militar antes em favor do dinheiro (ou outra coisa qualquer) que em favor da virtude; e, caso pareçam ser algo, nada sendo, que vocês os reprovem como eu a vocês – de que não militam pelo que devem, e pensam ser algo, quando não valem nada. Se vocês fizerem isso, **(42)** terei sentido com vocês o que é justiça – eu e meus filhos!

Mas agora é hora de partirmos: eu, para morrer, e vocês, para viver. Quem de nós vai para melhor, a todos é inaparente, menos ao deus.

CRÍTON
(Sobre o dever)

Críton, velho amigo de Sócrates, vai visitá-lo na prisão dois dias antes de sua morte [125]

SÓCRATES (*acordando e vendo o amigo ao seu lado*)
(43) Por que você veio a esta hora, Críton? Não é cedo ainda?

CRÍTON
Sim, muito.

SÓCRATES
Que hora exatamente?

CRÍTON
Logo desponta o dia.

SÓCRATES
Estou espantado de como o guarda da prisão quis atendê-lo.

CRÍTON
Ele já está acostumado comigo, Sócrates, por eu vir aqui muitas vezes, e também tem recebido de mim uma ajuda... [126]

SÓCRATES
E você chegou há pouco, ou faz tempo?

CRÍTON
Faz um tempo razoável.

SÓCRATES
Então por que não me acordou imediatamente, em vez de se sentar em silêncio ao meu lado?

---

125. Críton, idoso como Sócrates e do mesmo demo de Alopece (como está dito na *Apologia*), era rico proprietário de terras.

126. Ao que tudo indica, Críton subornava o guarda, o que nos mostra como uma fuga de Sócrates seria perfeitamente possível.

Críton

Não, por Zeus, Sócrates! Eu é que não queria estar com tamanha insônia e aflição. Mas também estou espantado, faz tempo, com você, percebendo como dorme docemente! E não o acordei de propósito, para que você leve a vida da maneira mais doce possível. Sim, já anteriormente, ao longo de toda a vida, eu inúmeras vezes o felicitei pelo seu modo de ser, mas muito mais no infortúnio que agora surgiu, por você levar isso de maneira fácil e suave...

Sócrates

Pois seria desmedido, Críton, se eu, com esta idade, me abalasse porque agora é preciso morrer.

Críton

Também outros com essa idade, Sócrates, se pegam diante de tais infortúnios, mas a idade não os livra absolutamente de se abalar com a sorte que lhes advém...

Sócrates

Assim é. Mas por que você veio tão cedo?

Críton

Para trazer, Sócrates, dura mensagem (não para você, conforme me parece, mas para mim e todos os seus colegas); dura e grave, a qual eu mesmo, conforme penso, só poderia trazer como a mais grave de todas.

Sócrates

Qual mensagem? Chegou de Delos a embarcação por ocasião de cuja chegada devo morrer?[127]

---

127. Em agradecimento ao deus Apolo, todo ano os atenienses enviavam uma nau até a ilha de Delos para celebrar o assassinato do Minotauro por Teseu, que livrou Atenas da obrigação de enviar jovens a Creta para serem sacrificados. A missão se iniciara um dia antes do julgamento de Sócrates e acabou por durar um mês, em razão dos ventos desfavoráveis. Durante esse período não podia haver nenhuma execução na cidade.

Críton

Na realidade não chegou, mas me parece que vai vir ainda hoje, pelo que relataram os que vêm do Súnio e lá a deixaram.[128] Está claro por esses relatos que virá ainda hoje, e então será forçoso, Sócrates, que amanhã você perca a vida...

Sócrates

Boa sorte então para mim, Críton; se assim é caro aos deuses, que assim seja! Penso, porém, que ela não vai vir ainda hoje...

Críton

(**44**) De onde vem essa conjectura?

Sócrates

Vou lhe dizer. Devo morrer um dia depois de a embarcação chegar, presumo eu...

Críton

Pelo menos é o que dizem os responsáveis por isso.[129]

Sócrates

Penso então que ela não vai vir neste dia que chega, mas no outro.[130] Faço essa conjectura a partir de um sonho que vi há pouco, essa noite. E corre-se o risco de ter sido algo oportuno você não ter me acordado...

Críton

Mas e qual era o sonho?

---

128. Cabo na extremidade sudeste da Ática, a cerca de 50 km de Atenas, importante ponto de referência para os marinheiros, e onde as naus buscavam abrigo contra o mau tempo.

129. Os Onze, encarregados da prisão e da execução, já citados na *Apologia*.

130. A previsão de Sócrates é correta: a nau só chegará de fato no dia seguinte.

Sócrates

Me pareceu que uma mulher bela e formosa, vestindo um manto branco, veio até mim e, me chamando, disse: "Sócrates,

no terceiro dia chegas à fertilíssima Ftia".[131]

Críton

Estranho sonho, Sócrates...

Sócrates

Porém nítido, Críton; ao menos é o que me parece.

Críton

Muito, pelo jeito. Mas ainda é tempo, numinoso Sócrates,[132] de você me escutar e se salvar! Porque para mim, se você morrer, não será apenas *um* infortúnio: além de ficar privado de você – de um colega como não vou encontrar nunca mais igual –, parecerá também a muitos (que talvez não conheçam bem a mim e a você) que eu, tendo condições de o salvar, caso quisesse gastar meu dinheiro, fui negligente. E que opinião sobre mim seria mais vergonhosa do que esta: parecer ter em mais alta conta o dinheiro do que os amigos? Pois a maioria

---

131. Citação de uma fala de Aquiles no Canto 9 da *Ilíada* (v. 363), com a mudança do verbo da primeira ("chego") para a segunda pessoa ("chegas"). Assim como Aquiles ameaçava estar de volta à sua terra natal no terceiro dia a contar de sua partida, Sócrates imaginava, pelo sonho, ser executado no terceiro dia a contar deste que iria nascer. É possível que Sócrates faça um jogo com o nome Ftia (*Phthíe*), associando-o ao verbo *phthío*, "definhar", "morrer". Nesse caso, sendo a Ftia "fertilíssima", haveria nova referência à morte como sendo, possivelmente, um bem.

132. O vocativo "numinoso" (*daimónie*), com valor negativo na poesia homérica, na prosa ática ganha um tom afetuoso (e às vezes irônico, como "venturoso", "ótimo homem" etc.). Aqui, no entanto, ele tem um sentido a mais, por conta da relação de Sócrates com seu "sinal numinoso" e a acusação de crer em "coisas numinosas".

não se convencerá de que foi você mesmo que não quis sair daqui, apesar do nosso esforço!

SÓCRATES

Mas por que nos preocuparmos assim, venturoso Críton, com a opinião da maioria? Pois os mais honestos – a quem mais vale dar atenção – considerarão terem as coisas se passado assim, tal como vieram a se passar.

CRÍTON

Mas você está vendo, Sócrates, que é imperioso que nos preocupemos *também* com a opinião da maioria... Os próprios acontecimentos de agora são claros: a maioria tem condições de realizar não só os menores dos males, mas também os maiores, se alguém for caluniado junto a ela!

SÓCRATES

Quem me dera, Críton, que a maioria tivesse condições de realizar os maiores males, para assim realizar também os maiores bens – e que belo seria! Mas não tem, nem de uma coisa, nem de outra.[133] Pois não são capazes de tornar alguém nem sensato, nem insensato; o tornam sim do jeito que for...

CRÍTON

Que essas coisas sejam mesmo assim. Mas me diga o seguinte, Sócrates: não é por mim e pelos demais colegas que você se mostra cauteloso – de que, se você sair daqui, os sicofantas criarão caso conosco porque o subtraímos daqui, e seremos forçados ou a entregar todos os nossos haveres, ou grosso dinheiro, ou ainda sofrer outro mal qualquer além desses –, é?[134] Pois se você teme algo assim,

133. A ideia de que o domínio do que é mau implica o domínio do que é bom aparece também no diálogo *Hípias menor*.

134. Os sicofantas eram delatores profissionais que se aproveitavam do direito que qualquer cidadão ateniense tinha de fazer uma denúncia para ameaçar e chantagear suas vítimas.

(45) deixe isso pra lá! É justo (eu presumo) que nós corramos – para salvá-lo – esse risco, e um ainda maior que esse, se for preciso! Vamos, me escute e não se negue!

Sócrates
Com isso, Críton, e com muitas outras coisas me mostro cauteloso...

Críton
Não tema isso então. Pois não é muita a prata que alguns querem obter para salvá-lo e retirá-lo daqui. Depois, você não vê esses sicofantas como são baratos, e que para eles não seria absolutamente preciso muita prata? E você tem meu dinheiro – o suficiente, segundo penso. Depois, também, se você (aflito por mim) pensa que não devemos gastar o meu, estes estrangeiros por aqui estão prontos a gastar;[135] um até trouxe, para isso mesmo, prata suficiente: Símias de Tebas. E estão prontos também Cebes e muitos outros, com certeza.[136] De modo que, conforme eu dizia, nem desista – por temer isso – de se salvar, nem seja um empecilho para você aquilo que falou no tribunal: que você não saberia o que fazer de si mesmo se fosse viver fora. Pois também em muitas terras estrangeiras, aonde quer que você chegue, o acolherão. Se você quiser ir para a Tessália, tenho muitos amigos por lá, que o vão ter em alta conta e lhe oferecer segurança, para que na Tessália ninguém o perturbe.[137]

Além do mais, Sócrates, também não me parece justo você buscar isso – dar as costas a si mesmo – quando é possível ser salvo. Você está estimulando que ocorra

---

135. Críton fala como se esses estrangeiros estivessem presentes à sua conversa com Sócrates.

136. Símias e Cebes (também de Tebas), ambos jovens filósofos de formação pitagórica, são os interlocutores principais de Sócrates no diálogo *Fédon*, que narra seus últimos instantes de vida.

137. Região ao norte da Grécia, onde se situava a terra natal de Aquiles.

com você exatamente o tipo de coisa que seus inimigos estimulariam e estimularam, ao quererem destruí-lo. E me parece, ainda por cima, que você está dando as costas também a seus próprios filhos, os quais, sendo-lhe possível terminar de criar e educar, você, partindo,[138] vai deixar para trás; e, da parte que lhe toca, eles seguirão assim: do jeito que for...[139] E encontrarão, pelo jeito, aquilo que costuma acontecer com os órfãos em sua orfandade. Pois ou não devemos fazer filhos, ou devemos ir juntos até o fim, criando-os e educando-os! E me parece que você está escolhendo o que é mais fácil. Porém, aquilo que um varão bom e corajoso escolheria – é isso que você deve escolher, depois de afirmar por toda vida ter militado em favor da virtude!

Porque eu próprio sinto vergonha, por você e por nós, seus colegas, de que toda essa situação em torno de você pareça ter ocorrido por uma covardia nossa qualquer – não só a entrada da causa no tribunal, conforme adentrou, quando era possível não adentrar, como o próprio enfrentamento da causa, conforme se deu, e ainda, finalmente, isto aqui, como que a parte risível da ação: parecer que por uma vileza e uma covardia nossa qualquer ela nos escapou, **(46)** visto que não o salvamos nem você se salvou, quando havia condições e possibilidade, já que éramos de alguma serventia (mesmo que pequena).[140]

---

138. Isto é, morrendo.

139. Críton parece retomar fala anterior de Sócrates, em que criticava o comportamento indiferente do povo.

140. Nesse trecho Críton compara o processo de Sócrates a um drama teatral que termina em farsa. Pelo que dá a entender, uma fuga poderia ter ocorrido antes mesmo do julgamento, o que provocaria seu cancelamento. Quanto ao "enfrentamento da causa", Críton não esconde seu descontentamento com o modo altivo e provocativo com que Sócrates se defendeu.

Portanto, Sócrates, olhe para isso, a fim de que junto com a vileza não haja também, para nós e para você, a vergonha. Vamos, decida-se – ou melhor, nem é mais hora de se decidir, mas de já se estar decidido. E a decisão é uma só: é preciso que tudo isso seja feito esta noite! Se ainda esperarmos, não haverá mais possibilidade nem condições. Vamos, Sócrates, de todo jeito, me escute, e não se negue de modo algum!

SÓCRATES

Caro Críton, muito válido seu esforço, se acompanhado de alguma correção; se não, quanto maior, tanto mais problemático... Portanto, nós temos é que examinar se é nosso *dever* fazer isso ou não. Porque eu mesmo, não apenas agora – mas sempre – tenho sido deste jeito: de não obedecer a nada mais em mim senão ao discurso que, pelo meu raciocínio, se mostrar para mim o melhor. E os discursos que eu anteriormente proferia, não sou capaz de agora os dispensar, só porque me sobreveio esta sorte; mas para mim se mostram basicamente iguais, e são os mesmos de antes que eu reverencio e valorizo. E, a não ser que possamos dizer outros melhores que eles na situação presente, fique sabendo que não, não concordarei com você, nem se o poder da maioria como a crianças nos "mormorizar" mais do que já acontece agora, enviando cadeias e mortes em nossa direção, e confiscos de dinheiro...[141]

Como então poderemos examinar isso na mais justa medida? E se retomássemos, em primeiro lugar, esse discurso que você proferia sobre as opiniões? Todas as vezes era ou não belamente dito que em algumas opiniões

141. "Mormorizar" é a palavra que criamos para traduzir o verbo grego *mormolúttomai*, "assustar, agir como Mormo". Mormo era um monstro do sexo feminino muito usado para assustar as crianças.

é preciso prestar atenção, e em outras não? Ou será que antes de eu ter de morrer era belamente dito, mas agora ficou claro que era dito em vão, só por dizer, e que era, verdadeiramente, uma brincadeira, uma bobagem? Eu pelo menos, Críton, estou sim disposto a examinar em conjunto com você se esse discurso vai se mostrar um pouco diferente (pelo fato de eu me encontrar assim) ou igual, e se vamos deixá-lo pra lá ou obedecê-lo.

Todas as vezes era dito mais ou menos assim – segundo penso – pelos que pensavam dizer algo (conforme eu dizia agora há pouco): que das opiniões que os homens têm, seria preciso ter umas em alta conta e outras não. Em nome dos deuses, Críton, isso não lhe parece belamente dito? Pois você, ao menos pelas previsões humanas, está excluído de vir a morrer amanhã, **(47)** e não é a você que o presente infortúnio atordoa.[142] Examine isso então: não lhe parece satisfatoriamente dito que não é necessário valorizar *todas* as opiniões dos homens, mas umas sim e outras não, nem de *todos*, mas de uns sim e de outros não? O que você me diz? Isso não está belamente dito?

Críton
Belamente.

Sócrates
Portanto, valorizar as prestativas e não as sofríveis?

Críton
Sim.

---

142. Parece que com essa fala Sócrates responde à acusação de Críton de que estaria escolhendo o caminho mais fácil. No entanto, o que o diálogo nos mostra é *Críton* atordoado com a iminente morte do amigo, que por sua vez se mostra sereno. É curioso notar que, apesar do sonho, Sócrates, como Críton em seu discurso anterior, também trabalha com a possibilidade de morrer no dia seguinte.

Sócrates
E prestativas não são as dos sensatos, e sofríveis as dos insensatos?

Críton
Como não?!

Sócrates
Muito bem. Como eram ditas por sua vez tais coisas? Um homem, ao fazer ginástica e nisso se aplicar, presta atenção no elogio e na censura de qualquer um, ou daquele apenas, que ocorre de ser médico ou treinador?[143]

Críton
Daquele apenas.

Sócrates
Portanto, tem que temer as censuras e saudar os elogios daquele apenas, e não os da maioria...

Críton
Sim, claro.

Sócrates
Desta maneira então é seu dever agir (fazer ginástica, comer e beber) conforme pareça a apenas uma pessoa – seu instrutor e quem entende –, mais do que a todas as outras juntas...

Críton
Assim é.

Sócrates
Pois bem. E desobedecendo a essa única pessoa, desvalorizando sua opinião e seus elogios, e valorizando os

---

143. O médico aparece aqui ao lado do treinador porque para os gregos as artes da ginástica e da medicina visavam ao mesmo fim: o cuidado com o corpo.

discursos da maioria e dos que não entendem nada, não sofrerá nenhum mal?

CRÍTON
Como não?!

SÓCRATES
E que mal é esse? Onde o atinge? Em que parte desse que desobedeceu?

CRÍTON
É claro que no corpo; pois o destrói por inteiro!

SÓCRATES
Você fala belamente. Ora, Críton, também em relação às demais coisas (para não percorrermos todas elas) não é assim – e ainda a respeito das justas e injustas, vergonhosas e belas, boas e más, em torno das quais gira agora nossa decisão? É preciso que nós sigamos a opinião da maioria e dela tenhamos medo, ou a de *um só* (se há alguém entendido), diante de quem é preciso sentir mais vergonha e medo do que de todas as outras pessoas juntas? Se não o acompanharmos, vamos corromper e afrontar aquilo que, por um lado, com o justo se tornava melhor e, por outro, com o injusto se destruía...[144] Ou não há nada disso?

CRÍTON
Eu penso que sim, Sócrates!

SÓCRATES
Muito bem. Se o que se torna melhor com o que é saudável e se corrompe com o que é doentio – se nós o destruirmos por inteiro, obedecendo não à opinião dos entendidos, será que para nós valerá a pena viver, estando ele corrompido? E "ele" é o corpo, eu presumo; ou não?

---

144. Embora não a nomeie, Sócrates faz referência aqui à alma; ela será mencionada novamente na sequência, como sendo superior ao corpo.

Críton
Sim.

Sócrates
Será então que para nós valerá a pena viver com um corpo amesquinhado e corrompido?

Críton
De jeito nenhum.

Sócrates
Mas será que com aquilo corrompido para nós valerá a pena viver, a que o injusto afronta e o justo ajuda? Ou vamos considerar inferior ao corpo aquilo (o que quer que porventura seja em nós) **(48)** a que diz respeito tanto a injustiça quanto a justiça?

Críton
De jeito nenhum.

Sócrates
Mais valioso então?

Críton
Com certeza.

Sócrates
Então, ótimo homem, não devemos dar tanta atenção assim ao que vai dizer de nós a maioria, mas sim o entendido nas coisas justas e injustas – apenas a ele e à própria verdade. De modo que por aí, em primeiro lugar, você não propõe o caso corretamente, em sua proposição de que é preciso darmos atenção à opinião da maioria sobre as coisas justas, belas e boas, e sobre as contrárias.

"Porém", alguém poderia dizer, "a maioria tem sim condições de nos matar!"

Críton

Sim, isso também está claro; pois é o que se poderia dizer, Sócrates...

Sócrates

Você está dizendo a verdade. No entanto, admirável homem, esse discurso que acabamos de percorrer me parece ainda valer como antes. Mas examine se este aqui também ainda se conserva para nós ou não: de que se deve ter na mais alta conta não o viver, mas o viver bem...

Críton

Sim, se conserva.

Sócrates

E que "bem" é o mesmo que "belamente" e "justamente":[145] se conserva ou não se conserva?

Críton

Se conserva.[146]

Sócrates

Portanto, é a partir desse reconhecimento que se deve examinar isso: se é justo eu tentar sair daqui sem a liberação dos atenienses, ou se não é justo. Se isso se mostrar justo, vamos tentar; mas, se não, vamos deixar pra lá. Quanto às observações que você fazia sobre gasto de dinheiro, opinião e criação de filhos, eu receio, Críton, que isso seja, na verdade, o observado por aqueles que de modo leviano matariam e ressuscitariam alguém (se tivessem

145. Sócrates quer deixar claro que não está tomando "bem" no sentido material (o que o ateniense médio entenderia por "viver bem"), mas moral.

146. O uso do verbo "conservar-se" indica a busca de Sócrates por constantes, ou por discursos/argumentos que não sejam erráticos, mas permaneçam "parados", como diz no *Êutifron*.

condições), sem reflexão alguma: essa maioria![147] Já nós, uma vez que o discurso assim determina, receio que nada mais devamos examinar senão aquilo que dizíamos agora há pouco: se faremos o justo ao darmos dinheiro (e gratidão) a esses que vão me tirar daqui – e ao nos retirarem e sermos retirados –, ou se na verdade agiremos mal ao fazer tudo isso. E, caso nossos feitos se mostrem injustos, eu receio, diante do agir mal, não ser preciso calcular se precisamos morrer (aqui permanecendo e nos conduzindo sossegadamente) ou sofrer qualquer outro mal...

CRÍTON
Você me parece falar belamente, Sócrates. Veja o que devemos fazer.

SÓCRATES
Devemos fazer um exame em conjunto, bom homem. E se você tiver alguma maneira de se contrapor ao meu discurso, contraponha-se, e serei persuadido; mas, se não tiver, venturoso homem, pare então de me proferir incontáveis vezes o mesmo discurso – de que é necessário que eu saia daqui contra a vontade dos atenienses. Porque tenho em alta conta agir assim com você *persuadido*, e não contrariado... Veja então o princípio do exame se lhe parece satisfatoriamente dito, **(49)** e tente responder ao que lhe for perguntado conforme você de fato pensa.

CRÍTON
Sim, tentarei.

SÓCRATES
De modo algum, nós afirmamos, se deve agir mal voluntariamente, ou de certo modo sim, de certo modo não? Não é o agir mal, absolutamente, nem bom nem belo, como

147. Na *Apologia*, Sócrates já havia dito que o povo se arrependera da execução de seis generais envolvidos na batalha das Arginusas.

incontáveis vezes, em tempos passados, foi reconhecido por nós, ou todas essas coisas que reconhecemos antes nestes poucos dias caíram por terra, e nós há tempos, Críton, homens velhos já com esta idade, dialogamos com seriedade entre nós mesmos sem perceber que em nada diferíamos das crianças? Ou é, acima de tudo, do jeito que então dizíamos ser: quer a maioria diga que sim ou que não, quer devamos sofrer coisas ainda mais duras que estas ou até mesmo mais suaves – ainda assim o agir mal acontece de ser, para o malfeitor, não só mau como vergonhoso, *de todo modo*? Afirmamos isso ou não?

CRÍTON
Afirmamos.

SÓCRATES
Então não se deve absolutamente agir mal...

CRÍTON
Não, realmente.

SÓCRATES
Nem então, quando se é vítima da má ação, agir mal de volta – conforme pensa a maioria –, já que não se deve absolutamente agir mal...

CRÍTON
Parece que não...[148]

SÓCRATES
Mas como?! Deve-se então praticar o mal, Críton, ou não?

CRÍTON
Não se deve, certamente, Sócrates!

---

148. Críton não se mostra muito certo, porque entendia, como a maioria dos gregos de então, que era natural não se mostrar nada amistoso com os que nos prejudicaram.

SÓCRATES
Mas e praticar o mal de volta quando se sofre um mal – conforme afirma a maioria – é justo ou não justo?

CRÍTON
Absolutamente!

SÓCRATES
Porque, eu presumo, fazer mal aos homens em nada difere de agir mal...[149]

CRÍTON
Você está dizendo a verdade.

SÓCRATES
Não se deve então agir mal de volta, nem fazer mal a nenhum dos homens, o que quer que se tenha sofrido da parte deles. Mas veja, Críton, se, ao ir reconhecendo essas coisas, você não reconhecerá algo que vai contra sua opinião; pois sei que só a alguns poucos isso assim parece e parecerá... Portanto, entre aqueles aos quais assim parece e aqueles aos quais não, entre esses não há decisão compartilhada, mas é forçoso que se desprezem uns aos outros, ao verem as decisões tomadas uns dos outros. Examine muito bem então se você compartilha isso comigo e assim também lhe parece, e se devemos principiar a tomar uma decisão por aí – de que jamais é correto seja agir mal, seja agir mal de volta, seja ainda se defender (quando se sofre um mal) devolvendo o mal –, ou se você se afasta e não compartilha desse princípio. Pois para mim, desde antes e ainda agora, assim me parece; mas caso seja, para você, de uma outra maneira, me fale e ensine. Se, no entanto, você se conserva como antes, ouça o que vem depois.

---

149. O objetivo de Sócrates é mostrar que toda maldade praticada contra alguém ("fazer mal") é um ato injusto ("agir mal"), mesmo nos casos em que a intenção é apenas revidar o que se sofreu.

CRÍTON
Mas me conservo e assim também me parece. Vamos, fale.

SÓCRATES
Falo então o que vem depois; ou melhor, pergunto: as coisas reconhecidas de comum acordo devem – sendo elas justas – ser feitas ou fraudadas?

CRÍTON
Feitas.

SÓCRATES
A partir disso, então, repare: se nós saímos daqui sem ter persuadido a cidade, (**50**) estamos fazendo mal a alguns (a quem menos se deve fazer isso), ou não?[150] E nos conservamos fiéis ao que foi reconhecido de comum acordo como sendo justo, ou não?

CRÍTON
Não tenho como responder, Sócrates, ao que você está perguntando; pois não estou entendendo...

SÓCRATES
Vamos, examine deste modo. Se sobre nós, prestes a escapulir (ou como quer que devamos chamar isso...), viessem se postar[151] as Leis e o Interesse Comum da cidade, e perguntassem: "Me diga, Sócrates: o que você tem em mente fazer? Em alguma outra coisa você pensa, com esse ato que tenciona praticar, a não ser às Leis – a nós!

---

150. Sócrates já prepara aqui a personificação das leis da cidade, que vem logo a seguir. É importante esclarecer que, em grego, "lei" (*nómos*) é um substantivo *masculino*, e que portanto a nossa tradução transforma em "elas" o que no original são "eles".

151. O verbo "escapulir" (*apodidrásko*) era muito usado em referência a escravos e desertores. Já o verbo "postar-se" (*ephístamai*) estava associado à aparição de sonhos e visões.

– destruir e, da parte que lhe toca, à cidade toda? Ou tem condições – lhe parece – de continuar a existir e de não virar[152] aquela cidade na qual as sentenças dadas não têm força alguma, mas antes se tornam, pela ação de homens simples, não soberanas e corrompidas?"; o que diremos nós, Críton, diante disso e de outras coisas do tipo? Pois muito se teria para dizer (especialmente um orador) em defesa dessa lei destruída, que estabelece como soberanas as sentenças julgadas... Ou diremos a elas – "O fato é que a cidade agia mal conosco e não determinou corretamente a sentença"? É isso que diremos, ou o quê?

Críton
Sim, por Zeus, isso, Sócrates!

Sócrates
Mas e se então as Leis dissessem: "Sócrates, será que isso também tinha sido reconhecido de comum acordo por mim e por você,[153] ou antes se conservar fiel às sentenças que a cidade julgasse?". E se nos espantássemos com elas a falar assim, talvez dissessem – "Sócrates, não se espante com o que é dito, mas apenas responda, uma vez que você também está acostumado a fazer uso do perguntar e do responder... Muito bem. Você tenciona nos destruir nos intimando, a nós e à cidade, pelo quê?[154] Em primeiro lugar, não fomos nós que o engendramos, e através de nós que seu pai conseguiu tomar por esposa sua mãe e o gerar? Fale então: a estas dentre nós – às leis sobre os casamentos – você de algum modo censura, por não se

---

152. A nau como metáfora da cidade era um lugar-comum na antiguidade grega.

153. Isto é, a desobediência e a fuga.

154. O vocabulário jurídico indica que se trata de um julgamento no qual são acusadas a cidade (que teria "agido mal") e suas leis. O propósito de Sócrates é defendê-las.

portarem belamente?" "Não censuro", eu diria. "Mas e aquelas sobre a criação do nascido, e a sobre a educação com que inclusive você foi educado? Será que essas dentre nós para isso designadas não davam belos comandos, recomendando a seu pai que o educasse na arte das Musas e na da ginástica?"[155] "Belos", eu diria.

"Pois bem. Depois de ter nascido, de ter sido criado e educado, você teria como dizer, em primeiro lugar, que não era nosso – nosso rebento e nosso escravo –, tanto você quanto seus antepassados? E, se assim é, você pensa ter o mesmo justo direito que nós e, o que quer que tencionemos fazer com você, pensa ser justo que você também o faça de volta? Se com seu pai então você não tinha o mesmo justo direito, nem com seu senhor (se acontecia de você ter um) – para também fazer de volta aquilo que sofria –, nem podia, sendo mal dito, falar de volta, nem, sendo espancado, espancar de volta, nem muitas outras coisas do tipo, **(51)** com a pátria então e com as leis é que você o terá, de tal maneira que, se nós tencionarmos destruí-lo (por considerar que é justo), você também a nós, às Leis e à pátria, tencionará destruir de volta o quanto puder, e dirá ao fazer isso que pratica a justiça – você, o que milita de verdade em favor da virtude...?

Você é tão sábio que esqueceu que do que a mãe, do que o pai e todos os demais antepassados, a pátria é mais valiosa, e mais venerável, e mais sagrada, e mais respeitada junto a deuses e homens que têm bom-senso,

---

155. Essas artes – voltadas uma para a alma e a outra para o corpo – constituíam os dois ramos em que se dividia a educação do menino ateniense, que se iniciava aos sete anos. A arte das Musas (*Mousiké*) incluía não só o ensino de música e dança, mas também de gramática e literatura. Noções de aritmética e geometria também eram transmitidas aos alunos.

e que à pátria – quando exasperada – se deve cultuar e adular e se sujeitar mais do que a um pai, e ou persuadi-la ou fazer o que ordena, e sofrer, se ela mandar sofrer algo (seja ser espancado, seja aprisionado), conduzindo-se sossegadamente, e que, se à guerra ela o conduzir para ser ferido ou morrer, que isso também deve ser feito, e é justo, e que não se deve se sujeitar nem se retirar nem se abandonar o posto, mas se fazer, tanto na guerra quanto no tribunal e em todo lugar, o que ordena a cidade e a pátria, ou então a persuadir segundo o que é justo, e que agir com violência com a mãe e o pai não é piedoso, e muito menos ainda com a pátria?"[156]

O que afirmaremos nós diante disso, Críton? Que as Leis estão dizendo a verdade, ou não?

Críton
Me parece que sim...

Sócrates
"Examine então, Sócrates" – talvez afirmassem as Leis – "se nós nisto estamos dizendo a verdade: que o que você agora tenciona fazer conosco, não o tenciona de modo justo. Pois nós, tendo o gerado, criado e educado, tendo lhe dado participar de todas as coisas belas que tínhamos condições – a você e a todos os outros cidadãos –, nós no entanto proclamamos (ao deixar estabelecida nossa autoridade para qualquer ateniense, quando é sabatinado

156. Reproduzimos o longo período coordenado do grego, que empresta à fala das Leis o tom monótono de um "sermão". A violência contra os pais estava implicada na acusação contra Sócrates de "corromper os jovens", e é satirizada por Aristófanes na comédia *As nuvens*, onde Fidípides, depois de se instruir com o mestre, arranja bons argumentos para bater no próprio pai, além de ameaçar fazer o mesmo com a mãe.

e conhece os assuntos da cidade e a nós, as Leis)[157] que aquele que nós não agradamos está autorizado a pegar o que é seu e partir para onde quiser. E nenhuma de nós, Leis, é empecilho ou proíbe – quer algum de vocês queira ir para uma colônia nossa (porque nós e a cidade não o agradávamos), quer emigrar partindo para outro lugar – que vá para lá, para onde quiser, levando o que é seu. Mas aquele de vocês que permanece, vendo o modo pelo qual julgamos as sentenças e administramos as demais coisas da cidade, esse então nós afirmamos ter, na prática, reconhecido de comum acordo conosco que haveria de fazer aquilo que nós ordenássemos, e o que não é persuadido nós afirmamos agir triplamente mal: porque não é persuadido por nós que o geramos; porque não é por nós que o criamos; e porque, tendo reconhecido de comum acordo conosco que haveria de ser persuadido, nem é persuadido, nem nos persuade (no caso de não fazermos algo belamente). **(52)** Mesmo dando a ele uma opção, e não "mandando de maneira selvagem" fazer o que ordenamos, mas o incitando a uma coisa ou outra – ou a nos persuadir, ou a fazer –, ele não faz nenhuma das duas! É nessas responsabilizações, Sócrates, que afirmamos que você também vai incorrer se fizer mesmo o que tem em mente – e dentre os atenienses não será o que menos vai, e sim o que mais!"

E se eu então dissesse, "Mas por quê?!", talvez com justiça me repreendessem, dizendo que dentre os atenienses ocorre de ser eu quem mais reconheceu aquilo de comum acordo com elas. Pois elas afirmariam

157. A sabatina (*dokimasía*) era uma espécie de teste por que passava o jovem ateniense de 18 anos para poder ser registrado oficialmente em seu demo. A partir daí ele se tornava um "efebo" e recebia treinamento militar até os 20 anos, quando concluía sua emancipação.

– "Sócrates, temos muitas provas disso, de que tanto nós quanto a cidade o agradávamos: você nunca nela ficaria, diferentemente de todos os outros atenienses, a não ser que ela o agradasse diferentemente... Você jamais saiu da cidade para uma contemplação (salvo uma vez, para o Istmo),[158] nem para nenhum outro lugar, a não ser para marchar com o exército; nem fez jamais outra viagem, tal como os demais homens; nem se apossou de você o desejo de conhecer outra cidade e outras leis, mas fomos o suficiente para você – nós e nossa cidade. Tanto assim nos escolhia e reconhecia que haveria de se conduzir na cidade em conformidade conosco, que fez, entre outras coisas, filhos nela, porque a cidade o agradava.

Além do mais, houve naturalmente a possibilidade, durante sua própria causa, de você estipular para si, se quisesse, o exílio – e aquilo que você agora tenciona fazer sem a aprovação da cidade poderia ter sido feito antes com a aprovação. Mas enquanto antes você achava bonito não se abalar, mesmo se fosse preciso morrer, e preferia – como dizia – a morte ao exílio, agora não sente vergonha daquelas palavras nem liga para nós, as Leis, pois tenciona nos corromper, e faz exatamente aquilo que o mais torpe escravo faria, ao tencionar escapulir contra o que foi reconhecido de comum acordo e contra aqueles pactos em conformidade com os quais você compactuou conosco se conduzir na cidade. Em primeiro lugar, então, nos responda precisamente isto: se estamos dizendo a verdade quando afirmamos que você reconheceu – em ato, e não em palavra – se conduzir na cidade em conformidade conosco, ou se isso não é verdade."

---

158. "Contemplação" (*theoría*) indica aí o ato de ver outras paisagens. "Istmo" é como os gregos se referiam ao Istmo de Corinto, faixa de terra que liga a Ática ao Peloponeso. Talvez Sócrates tenha ido dessa vez ao Istmo para assistir aos tradicionais Jogos Ístmicos.

O que nós devemos afirmar, Críton, diante disso? Há alguma outra coisa que devemos fazer, senão reconhecer...?

CRÍTON
É forçoso, Sócrates.

SÓCRATES
"Você está fazendo então alguma outra coisa", elas afirmariam, "senão *transgredir* os pactos feitos pessoalmente conosco e o que foi reconhecido de comum acordo, embora não o tenha reconhecido por força, nem sido enganado, nem forçado a decidir em pouco tempo, mas em setenta anos, durante os quais lhe foi permitido partir, se nós não o agradávamos nem lhe parecia justo o que havia sido reconhecido? E você não preferiu nem a Lacedemônia nem Creta – que a todo momento afirma serem bem legisladas! –[159] nem nenhuma outra das cidades helênicas nem bárbaras, **(53)** mas daqui se afastou menos que os coxos, os cegos e os demais inválidos, de tanto que a você, diferentemente dos demais atenienses, a cidade agradava – e nós também, as Leis, é claro! Pois a quem agradaria uma cidade sem leis...? E agora você não vai se conservar fiel ao que foi reconhecido? Vai sim, Sócrates, se por nós for persuadido; e não será motivo de chacota por deixar a cidade!

"Examine então: tendo cometido essas transgressões e incorrendo em alguma dessas faltas, o que você vai realizar de bom para si próprio e para seus colegas? Porque, que os seus colegas correrão eles mesmos o risco de serem exilados e privados de sua cidade, ou de perder seus haveres, está relativamente claro! Já você mesmo,

159. "Lacedemônia" era como os gregos se referiam a Esparta. A Lacedemônia e a ilha de Creta eram tradicionalmente vistas como modelos de regiões onde imperava a boa lei.

se for, em primeiro lugar, para uma das cidades mais próximas – para Tebas ou Mégara (pois ambas são bem legisladas...) –,[160] você lá chegará, Sócrates, como inimigo do regime deles, e todos que zelam por sua própria cidade vão o olhar torto, considerando-o um corruptor das leis; e você confirmará a opinião dos jurados, de maneira que vai parecer que julgaram corretamente sua causa, pois aquele que é corruptor das leis pode muito bem – presume-se – parecer corruptor de homens jovens e insensatos... Ou você vai evitar as cidades bem legisladas e os mais ordenados dos homens? Mas, ao fazer isso, será que para você valerá a pena viver? Ou você vai se aproximar deles e com eles não vai ter vergonha de dialogar? Mas com que discursos, Sócrates?! Com aqueles daqui – de que a virtude e a justiça têm o máximo valor para os homens, e também os costumes e as leis...? E você não pensa que se mostraria indecente a atividade de Sócrates? Só se pode pensar que sim!

"Mas você vai então se afastar desses lugares e chegar à Tessália, junto aos amigos de Críton? Pois lá é máxima a desordem e a insolência,[161] e talvez ouvissem com prazer de você como escapuliu da prisão de modo risível, colocando algum disfarce (apanhando uma pele ou outras coisas do tipo com que estão acostumados a se disfarçar os que escapolem) e mudando de figura... E não vai haver quem diga que você, homem velho – pelo jeito com pouco tempo

---

160. As Leis falam com sarcasmo, pois eram duas cidades onde vigorava o regime oligárquico. Tebas (terra dos amigos Símias e Cebes) era a principal cidade da Beócia e ficava a cerca de 70 km de Atenas. Mégara (de onde vinham Euclides e Térpsion, seguidores citados no *Fédon*) se situava na ponta de Istmo de Corinto, em frente à ilha de Salamina, a cerca de 50 km de Atenas.

161. A Tessália tinha fama de lugar onde reinavam o desgoverno e a falta de escrúpulos.

de vida pela frente –, se atreveu a desejar tão avidamente a vida, a ponto de transgredir as leis mais importantes? Talvez não, se você não perturbar ninguém... Caso contrário, Sócrates, você vai ouvir muitas coisas indignas a seu respeito. Vai viver então bajulando e servindo a todos os homens; e fazendo o quê, a não ser se esbaldar na Tessália, como se em busca de um banquete tivesse partido para a Tessália?[162] E aqueles discursos sobre a justiça e as demais virtudes, diga para nós, onde vão ficar...?

"(**54**) Mas é por causa dos *filhos* que você quer viver, para terminar de criá-los e educá-los... Mas como?! Para a Tessália os levando para criar e educar, tornando-os estrangeiros, a fim de que também disso desfrutem?! Ou isso não: criados com você ainda vivo, eles serão no entanto mais bem criados e educados sem que você conviva com eles? Porque seus colegas cuidarão sim deles. Ou se você partir para a Tessália cuidarão, mas se partir para o Hades não cuidarão? Se são realmente de alguma serventia os que afirmam ser seus colegas, só se pode pensar que sim!

Vamos, Sócrates, persuadido por nós que o criamos, não tenha – diante do justo – nem os filhos, nem o viver, nem nenhuma outra coisa em mais alta conta, a fim de que, ao chegar ao Hades, apresente tudo isso em sua defesa perante os que lá comandam.[163] Pois nem aqui parece ser para você melhor fazer isso, nem mais justo, nem mais piedoso (e tampouco para nenhum dos seus), nem lá, ao chegar, será melhor. Agora, você vai partir – se partir – como vítima de uma má ação não nossa, das Leis, mas dos homens![164] Mas se você sair daqui assim vergo-

162. A dupla menção à Tessália, no final de cada um das frases, reforça o desprezo de Sócrates pela região.

163. Trata-se dos juízes mencionados no trecho final da *Apologia*.

164. "Partir" aí é um eufemismo para "morrer".

nhosamente, agindo mal de volta e praticando o mal de volta – transgredindo os pactos e o que foi reconhecido por você mesmo de comum acordo conosco, e fazendo mal a quem menos devia: a você mesmo, aos amigos, à pátria, a nós –, não apenas nós vamos nos exasperar com você enquanto viver, como também nossas irmãs de lá, as Leis do Hades, não o vão receber benevolamente, sabendo que você tencionou, da parte que lhe toca, destruir até mesmo a nós. Vamos, não vá Críton persuadi-lo, mais do que nós, a fazer o que diz!"

Saiba, caro amigo Críton, que é isso que eu pareço ouvir, exatamente como os coribantes parecem ouvir as flautas, e em mim o estrondo desses discursos fica ribombando, me tornando incapaz de ouvir outras coisas...[165] Saiba então: se você quiser falar contra tudo que agora me parece, vai falar em vão! Se, no entanto, você pensa que vai se sair bem, fale.

CRÍTON
Mas eu não tenho, Sócrates, o que falar...

SÓCRATES
Deixe então, Críton, e sigamos por esse caminho, já que é por esse caminho que o deus nos conduz.

165. Os coribantes eram sacerdotes da deusa frígia Cibele, a quem cultuavam freneticamente com danças e músicas, ao som de flautas. Isso que Sócrates diz escutar pode ser identificado com a voz ou sinal divino que, segundo afirma na *Apologia*, sempre o *dissuadia* de fazer algo.

Sobre o tradutor

André Malta nasceu em São Paulo, em 1970, e desde 2001 é professor de língua e literatura grega na Faculdade de Filosofia, Letras e Ciências Humanas da USP. É autor de *A selvagem perdição: erro e ruína na Ilíada* (Odysseus, 2006), um estudo sobre a ideia de pecado no épico de Homero.

Coleção **L&PM** POCKET

ÚLTIMOS LANÇAMENTOS

1020.**Missa do Galo** – Machado de Assis
1021.**O mistério de Marie Rogêt** – Edgar Allan Poe
1022.**A mulher mais linda da cidade** – Bukowski
1023.**O retrato** – Nicolai Gogol
1024.**O conflito** – Agatha Christie
1025.**Os primeiros casos de Poirot** – Agatha Christie
1027(25).**Beethoven** – Bernard Fauconnier
1028.**Platão** – Julia Annas
1029.**Cleo e Daniel** – Roberto Freire
1030.**Til** – José de Alencar
1031.**Viagens na minha terra** – Almeida Garrett
1032.**Profissões para mulheres e outros artigos feministas** – Virginia Woolf
1033.**Mrs. Dalloway** – Virginia Woolf
1034.**O cão da morte** – Agatha Christie
1035.**Tragédia em três atos** – Agatha Christie
1037.**O fantasma da Ópera** – Gaston Leroux
1038.**Evolução** – Brian e Deborah Charlesworth
1039.**Medida por medida** – Shakespeare
1040.**Razão e sentimento** – Jane Austen
1041.**A obra-prima ignorada *seguido de* Um episódio durante o Terror** – Balzac
1042.**A fugitiva** – Anaïs Nin
1043.**As grandes histórias da mitologia greco-romana** – A. S. Franchini
1044.**O corno de si mesmo & outras historietas** – Marquês de Sade
1045.**Da felicidade *seguido de* Da vida retirada** – Sêneca
1046.**O horror em Red Hook e outras histórias** – H. P. Lovecraft
1047.**Noite em claro** – Martha Medeiros
1048.**Poemas clássicos chineses** – Li Bai, Du Fu e Wang Wei
1049.**A terceira moça** – Agatha Christie
1050.**Um destino ignorado** – Agatha Christie
1051(26).**Buda** – Sophie Royer
1052.**Guerra Fria** – Robert J. McMahon
1053.**Simons's Cat: as aventuras de um gato travesso e comilão – vol. 1** – Simon Tofield
1054.**Simons's Cat: as aventuras de um gato travesso e comilão – vol. 2** – Simon Tofield
1055.**Só as mulheres e as baratas sobreviverão** – Claudia Tajes
1057.**Pré-história** – Chris Gosden
1058.**Pintou sujeira!** – Mauricio de Sousa
1059.**Contos de Mamãe Gansa** – Charles Perrault
1060.**A interpretação dos sonhos: vol. 1** – Freud
1061.**A interpretação dos sonhos: vol. 2** – Freud
1062.**Frufru Rataplã Dolores** – Dalton Trevisan
1063.**As melhores histórias da mitologia egípcia** – Carmem Seganfredo e A.S. Franchini
1064.**Infância. Adolescência. Juventude** – Tolstói
1065.**As consolações da filosofia** – Alain de Botton
1066.**Diários de Jack Kerouac – 1947-1954**
1067.**Revolução Francesa – vol. 1** – Max Gallo
1068.**Revolução Francesa – vol. 2** – Max Gallo
1069.**O detetive Parker Pyne** – Agatha Christie
1070.**Memórias do esquecimento** – Flávio Tavares
1071.**Drogas** – Leslie Iversen
1072.**Manual de ecologia (vol.2)** – J. Lutzenberger
1073.**Como andar no labirinto** – Affonso Romano de Sant'Anna
1074.**A orquídea e o serial killer** – Juremir Machado da Silva
1075.**Amor nos tempos de fúria** – Lawrence Ferlinghetti
1076.**A aventura do pudim de Natal** – Agatha Christie
1078.**Amores que matam** – Patricia Faur
1079.**Histórias de pescador** – Mauricio de Sousa
1080.**Pedaços de um caderno manchado de vinho** – Bukowski
1081.**A ferro e fogo: tempo de solidão (vol.1)** – Josué Guimarães
1082.**A ferro e fogo: tempo de guerra (vol.2)** – Josué Guimarães
1084(17).**Desembarcando o Alzheimer** – Dr. Fernando Lucchese e Dra. Ana Hartmann
1085.**A maldição do espelho** – Agatha Christie
1086.**Uma breve história da filosofia** – Nigel Warburton
1088.**Heróis da História** – Will Durant
1089.**Concerto campestre** – L. A. de Assis Brasil
1090.**Morte nas nuvens** – Agatha Christie
1092.**Aventura em Bagdá** – Agatha Christie
1093.**O cavalo amarelo** – Agatha Christie
1094.**O método de interpretação dos sonhos** – Freud
1095.**Sonetos de amor e desamor** – Vários
1096.**120 tirinhas do Dilbert** – Scott Adams
1097.**200 fábulas de Esopo**
1098.**O curioso caso de Benjamin Button** – F. Scott Fitzgerald
1099.**Piadas para sempre: uma antologia para morrer de rir** – Visconde da Casa Verde
1100.**Hamlet (Mangá)** – Shakespeare
1101.**A arte da guerra (Mangá)** – Sun Tzu
1104.**As melhores histórias da Bíblia (vol.1)** – A. S. Franchini e Carmen Seganfredo
1105.**As melhores histórias da Bíblia (vol.2)** – A. S. Franchini e Carmen Seganfredo
1106.**Psicologia das massas e análise do eu** – Freud
1107.**Guerra Civil Espanhola** – Helen Graham
1108.**A autoestrada do sul e outras histórias** – Julio Cortázar
1109.**O mistério dos sete relógios** – Agatha Christie
1110.**Peanuts: Ninguém gosta de mim... (amor)** – Charles Schulz
1111.**Cadê o bolo?** – Mauricio de Sousa
1112.**O filósofo ignorante** – Voltaire
1113.**Totem e tabu** – Freud
1114.**Filosofia pré-socrática** – Catherine Osborne
1115.**Desejo de status** – Alain de Botton

1118.**Passageiro para Frankfurt** – Agatha Christie
1120.**Kill All Enemies** – Melvin Burgess
1121.**A morte da sra. McGinty** – Agatha Christie
1122.**Revolução Russa** – S. A. Smith
1123.**Até você, Capitu?** – Dalton Trevisan
1124.**O grande Gatsby (Mangá)** – F. S. Fitzgerald
1125.**Assim falou Zaratustra (Mangá)** – Nietzsche
1126. **Peanuts: É para isso que servem os amigos (amizade)** – Charles Schulz
1127(27).**Nietzsche** – Dorian Astor
1128.**Bidu: Hora do banho** – Mauricio de Sousa
1129.**O melhor do Macanudo Taurino** – Santiago
1130.**Radicci 30 anos** – Iotti
1131.**Show de sabores** – J.A. Pinheiro Machado
1132.**O prazer das palavras** – vol. 3 – Cláudio Moreno
1133.**Morte na praia** – Agatha Christie
1134.**O fardo** – Agatha Christie
1135.**Manifesto do Partido Comunista (Mangá)** – Marx & Engels
1136.**A metamorfose (Mangá)** – Franz Kafka
1137.**Por que você não se casou... ainda** – Tracy McMillan
1138.**Textos autobiográficos** – Bukowski
1139.**A importância de ser prudente** – Oscar Wilde
1140.**Sobre a vontade na natureza** – Arthur Schopenhauer
1141.**Dilbert (8)** – Scott Adams
1142.**Entre dois amores** – Agatha Christie
1143.**Cipreste triste** – Agatha Christie
1144.**Alguém viu uma assombração?** – Mauricio de Sousa
1145.**Mandela** – Elleke Boehmer
1146.**Retrato do artista quando jovem** – James Joyce
1147.**Zadig ou o destino** – Voltaire
1148.**O contrato social (Mangá)** – J.-J. Rousseau
1149.**Garfield fenomenal** – Jim Davis
1150.**A queda da América** – Allen Ginsberg
1151.**Música na noite & outros ensaios** – Aldous Huxley
1152.**Poesias inéditas & Poemas dramáticos** – Fernando Pessoa
1153.**Peanuts: Felicidade é...** – Charles M. Schulz
1154.**Mate-me por favor** – Legs McNeil e Gillian McCain
1155.**Assassinato no Expresso Oriente** – Agatha Christie
1156.**Um punhado de centeio** – Agatha Christie
1157.**A interpretação dos sonhos (Mangá)** – Freud
1158.**Peanuts: Você não entende o sentido da vida** – Charles M. Schulz
1159.**A dinastia Rothschild** – Herbert R. Lottman
1160.**A Mansão Hollow** – Agatha Christie
1161.**Nas montanhas da loucura** – H.P. Lovecraft
1162(28).**Napoleão Bonaparte** – Pascale Fautrier
1163.**Um corpo na biblioteca** – Agatha Christie
1164.**Inovação** – Mark Dodgson e David Gann
1165.**O que toda mulher deve saber sobre os homens: a afetividade masculina** – Walter Riso
1166.**O amor está no ar** – Mauricio de Sousa
1167.**Testemunha de acusação & outras histórias** – Agatha Christie
1168.**Etiqueta de bolso** – Celia Ribeiro
1169.**Poesia reunida (volume 3)** – Affonso Romano de Sant'Anna
1170.**Emma** – Jane Austen
1171.**Que seja em segredo** – Ana Miranda
1172.**Garfield sem apetite** – Jim Davis
1173.**Garfield: Foi mal...** – Jim Davis
1174.**Os irmãos Karamázov (Mangá)** – Dostoiévski
1175.**O Pequeno Príncipe** – Antoine de Saint-Exupéry
1176.**Peanuts: Ninguém mais tem o espírito aventureiro** – Charles M. Schulz
1177.**Assim falou Zaratustra** – Nietzsche
1178.**Morte no Nilo** – Agatha Christie
1179.**Ê, soneca boa** – Mauricio de Sousa
1180.**Garfield a todo o vapor** – Jim Davis
1181.**Em busca do tempo perdido (Mangá)** – Proust
1182.**Cai o pano: o último caso de Poirot** – Agatha Christie
1183.**Livro para colorir e relaxar** – Livro 1
1184.**Para colorir sem parar**
1185.**Os elefantes não esquecem** – Agatha Christie
1186.**Teoria da relatividade** – Albert Einstein
1187.**Compêndio da psicanálise** – Freud
1188.**Visões de Gerard** – Jack Kerouac
1189.**Fim de verão** – Mohiro Kitoh
1190.**Procurando diversão** – Mauricio de Sousa
1191.**E não sobrou nenhum e outras peças** – Agatha Christie
1192.**Ansiedade** – Daniel Freeman & Jason Freeman
1193.**Garfield: pausa para o almoço** – Jim Davis
1194.**Contos do dia e da noite** – Guy de Maupassant
1195.**O melhor de Hagar 7** – Dik Browne
1196(29).**Lou Andreas-Salomé** – Dorian Astor
1197(30).**Pasolini** – René de Ceccatty
1198.**O caso do Hotel Bertram** – Agatha Christie
1199.**Crônicas de motel** – Sam Shepard
1200.**Pequena filosofia da paz interior** – Catherine Rambert
1201.**Os sertões** – Euclides da Cunha
1202.**Treze à mesa** – Agatha Christie
1203.**Bíblia** – John Riches
1204.**Anjos** – David Albert Jones
1205.**As tirinhas do Guri de Uruguaiana 1** – Jair Kobe
1206.**Entre aspas (vol.1)** – Fernando Eichenberg
1207.**Escrita** – Andrew Robinson
1208.**O spleen de Paris: pequenos poemas em prosa** – Charles Baudelaire
1209.**Satíricon** – Petrônio
1210.**O avarento** – Molière
1211.**Queimando na água, afogando-se na chama** – Bukowski
1212.**Miscelânea septuagenária: contos e poemas** – Bukowski
1213.**Que filosofar é aprender a morrer e outros ensaios** – Montaigne
1214.**Da amizade e outros ensaios** – Montaigne
1215.**O medo à espreita e outras histórias** – H.P. Lovecraft

1216.**A obra de arte na era de sua reprodutibilidade técnica** – Walter Benjamin
1217.**Sobre a liberdade** – John Stuart Mill
1218.**O segredo de Chimneys** – Agatha Christie
1219.**Morte na rua Hickory** – Agatha Christie
1220.**Ulisses (Mangá)** – James Joyce
1221.**Ateísmo** – Julian Baggini
1222.**Os melhores contos de Katherine Mansfield** – Katherine Mansfield
1223(31).**Martin Luther King** – Alain Foix
1224.**Millôr Definitivo: uma antologia de *A Bíblia do Caos*** – Millôr Fernandes
1225.**O Clube das Terças-Feiras e outras histórias** – Agatha Christie
1226.**Por que sou tão sábio** – Nietzsche
1227.**Sobre a mentira** – Platão
1228.**Sobre a leitura** *seguido do* **Depoimento de Céleste Albaret** – Proust
1229.**O homem do terno marrom** – Agatha Christie
1230(32).**Jimi Hendrix** – Franck Médioni
1231.**Amor e amizade e outras histórias** – Jane Austen
1232.**Lady Susan, Os Watson e Sanditon** – Jane Austen
1233.**Uma breve história da ciência** – William Bynum
1234.**Macunaíma: o herói sem nenhum caráter** – Mário de Andrade
1235.**A máquina do tempo** – H.G. Wells
1236.**O homem invisível** – H.G. Wells
1237.**Os 36 estratagemas: manual secreto da arte da guerra** – Anônimo
1238.**A mina de ouro e outras histórias** – Agatha Christie
1239.**Pic** – Jack Kerouac
1240.**O habitante da escuridão e outros contos** – H.P. Lovecraft
1241.**O chamado de Cthulhu e outros contos** – H.P. Lovecraft
1242.**O melhor de Meu reino por um cavalo!** – Edição de Ivan Pinheiro Machado
1243.**A guerra dos mundos** – H.G. Wells
1244.**O caso da criada perfeita e outras histórias** – Agatha Christie
1245.**Morte por afogamento e outras histórias** – Agatha Christie
1246.**Assassinato no Comitê Central** – Manuel Vázquez Montalbán
1247.**O papai é pop** – Marcos Piangers
1248.**O papai é pop 2** – Marcos Piangers
1249.**A mamãe é rock** – Ana Cardoso
1250.**Paris boêmia** – Dan Franck
1251.**Paris libertária** – Dan Franck
1252.**Paris ocupada** – Dan Franck
1253.**Uma anedota infame** – Dostoiévski
1254.**O último dia de um condenado** – Victor Hugo
1255.**Nem só de caviar vive o homem** – J.M. Simmel
1256.**Amanhã é outro dia** – J.M. Simmel
1257.**Mulherzinhas** – Louisa May Alcott
1258.**Reforma Protestante** – Peter Marshall
1259.**História econômica global** – Robert C. Allen
1260(33).**Che Guevara** – Alain Foix
1261.**Câncer** – Nicholas James
1262.**Akhenaton** – Agatha Christie
1263.**Aforismos para a sabedoria de vida** – Arthur Schopenhauer
1264.**Uma história do mundo** – David Coimbra
1265.**Ame e não sofra** – Walter Riso
1266.**Desapegue-se!** – Walter Riso
1267.**Os Sousa: Uma família do barulho** – Mauricio de Sousa
1268.**Nico Demo: O rei da travessura** – Mauricio de Sousa
1269.**Testemunha de acusação e outras peças** – Agatha Christie
1270(34).**Dostoiévski** – Virgil Tanase
1271.**O melhor de Hagar 8** – Dik Browne
1272.**O melhor de Hagar 9** – Dik Browne
1273.**O melhor de Hagar 10** – Dik e Chris Browne
1274.**Considerações sobre o governo representativo** – John Stuart Mill
1275.**O homem Moisés e a religião monoteísta** – Freud
1276.**Inibição, sintoma e medo** – Freud
1277.**Além do princípio de prazer** – Freud
1278.**O direito de dizer não!** – Walter Riso
1279.**A arte de ser flexível** – Walter Riso
1280.**Casados e descasados** – August Strindberg
1281.**Da Terra à Lua** – Júlio Verne
1282.**Minhas galerias e meus pintores** – Kahnweiler
1283.**A arte do romance** – Virginia Woolf
1284.**Teatro completo v. 1: As aves da noite** *seguido de* **O visitante** – Hilda Hilst
1285.**Teatro completo v. 2: O verdugo** *seguido de* **A morte do patriarca** – Hilda Hilst
1286.**Teatro completo v. 3: O rato no muro** *seguido de* **Auto da barca de Camiri** – Hilda Hilst
1287.**Teatro completo v. 4: A empresa** *seguido de* **O novo sistema** – Hilda Hilst
1289.**Fora de mim** – Martha Medeiros
1290.**Divã** – Martha Medeiros
1291.**Sobre a genealogia da moral: um escrito polêmico** – Nietzsche
1292.**A consciência de Zeno** – Italo Svevo
1293.**Células-tronco** – Jonathan Slack
1294.**O fim do ciúme e outros contos** – Proust
1295.**A jangada** – Júlio Verne
1296.**A ilha do dr. Moreau** – H.G. Wells
1297.**Ninho de fidalgos** – Ivan Turguêniev
1298.**Jane Eyre** – Charlotte Brontë
1299.**Sobre gatos** – Bukowski
1300.**Sobre o amor** – Bukowski
1301.**Escrever para não enlouquecer** – Bukowski
1302.**222 receitas** – J. A. Pinheiro Machado
1303.**Reinações de Narizinho** – Monteiro Lobato
1304.**O Saci** – Monteiro Lobato
1305.**Memórias da Emília** – Monteiro Lobato
1306.**O Picapau Amarelo** – Monteiro Lobato

1307.**A reforma da Natureza** – Monteiro Lobato
1308.**Fábulas** ***seguido de*** **Histórias diversas** – Monteiro Lobato
1309.**Aventuras de Hans Staden** – Monteiro Lobato
1310.**Peter Pan** – Monteiro Lobato
1311.**Dom Quixote das crianças** – Monteiro Lobato
1312.**O Minotauro** – Monteiro Lobato
1313.**Um quarto só seu** – Virginia Woolf
1314.**Sonetos** – Shakespeare
1315(35).**Thoreau** – Marie Berthoumieu e Laura El Makki
1316.**Teoria da arte** – Cynthia Freeland
1317.**A arte da prudência** – Baltasar Gracián
1318.**O louco** ***seguido de*** **Areia e espuma** – Khalil Gibran
1319.**O profeta** ***seguido de*** **O jardim do profeta** – Khalil Gibran
1320.**Jesus, o Filho do Homem** – Khalil Gibran
1321.**A luta** – Norman Mailer
1322.**Sobre o sofrimento do mundo e outros ensaios** – Schopenhauer
1323.**Epidemiologia** – Rodolfo Sacacci
1324.**Japão moderno** – Christopher Goto-Jones
1325.**A arte da meditação** – Matthieu Ricard
1326.**O adversário secreto** – Agatha Christie
1327.**Pollyanna** – Eleanor H. Porter
1328.**Espelhos** – Eduardo Galeano
1329.**A Vênus das peles** – Sacher-Masoch
1330.**O 18 de brumário de Luís Bonaparte** – Karl Marx
1331.**Um jogo para os vivos** – Patricia Highsmith
1332.**A tristeza pode esperar** – J.J. Camargo
1333.**Vinte poemas de amor e uma canção desesperada** – Pablo Neruda
1334.**Judaísmo** – Norman Solomon
1335.**Esquizofrenia** – Christopher Frith & Eve Johnstone
1336.**Seis personagens em busca de um autor** – Luigi Pirandello
1337.**A Fazenda dos Animais** – George Orwell
1338.**1984** – George Orwell
1339.**Ubu Rei** – Alfred Jarry
1340.**Sobre bêbados e bebidas** – Bukowski
1341.**Tempestade para os vivos e para os mortos** – Bukowski
1342.**Complicado** – Natsume Ono
1343.**Sobre o livre-arbítrio** – Schopenhauer
1344.**Uma breve história da literatura** – John Sutherland
1345.**Você fica tão sozinho às vezes que até faz sentido** – Bukowski
1346.**Um apartamento em Paris** – Guillaume Musso
1347.**Receitas fáceis e saborosas** – José Antonio Pinheiro Machado
1348.**Por que engordamos** – Gary Taubes
1349.**A fabulosa história do hospital** – Jean-Noël Fabiani
1350.**Voo noturno** ***seguido de*** **Terra dos homens** – Antoine de Saint-Exupéry
1351.**Doutor Sax** – Jack Kerouac
1352.**O livro do Tao e da virtude** – Lao-Tsé
1353.**Pista negra** – Antonio Manzini
1354.**A chave de vidro** – Dashiell Hammett
1355.**Martin Eden** – Jack London
1356.**Já te disse adeus, e agora, como te esqueço?** – Walter Riso
1357.**A viagem do descobrimento** – Eduardo Bueno
1358.**Náufragos, traficantes e degredados** – Eduardo Bueno
1359.**Retrato do Brasil** – Paulo Prado
1360.**Maravilhosamente imperfeito, escandalosamente feliz** – Walter Riso
1361.**É...** – Millôr Fernandes
1362.**Duas tábuas e uma paixão** – Millôr Fernandes
1363.**Selma e Sinatra** – Martha Medeiros
1364.**Tudo que eu queria te dizer** – Martha Medeiros
1365.**Várias histórias** – Machado de Assis
1366.**A sabedoria do Padre Brown** – G. K. Chesterton
1367.**Capitães do Brasil** – Eduardo Bueno
1368.**O falcão maltês** – Dashiell Hammett
1369.**A arte de estar com a razão** – Arthur Schopenhauer
1370.**A visão dos vencidos** – Miguel León-Portilla
1371.**A coroa, a cruz e a espada** – Eduardo Bueno
1372.**Poética** – Aristóteles
1373.**O reprimido** – Agatha Christie
1374.**O espelho do homem morto** – Agatha Christie
1375.**Cartas sobre a felicidade e outros textos** – Epicuro
1376.**A corista e outras histórias** – Anton Tchékhov
1377.**Na estrada da beatitude** – Eduardo Bueno
1378.**Freud: a cura pelo espírito** – Stefan Zweig
1379.**O nascimento da tragédia** – Friedrich Nietzsche
1380.**Tempos difíceis** – Charles Dickens
1381.**A aventura da tumba egípcia e outras histórias** – Agatha Christie
1382.**O sonho e outros contos** – Agatha Christie
1383.**Uma paixão no deserto** ***seguido de*** **A paz conjugal** – Honoré de Balzac
1384.**Um episódio durante o terror** ***seguido de*** **A falsa amante** – Honoré de Balzac
1385.**Vamos colorir!!! Um livro para todas as idades** – L&PM Editores
1386.**Feliz por nada** – Martha Medeiros
1387.**Simples assim** – Martha Medeiros
1388.**A graça da coisa** – Martha Medeiros
1389.**A forma da água** – Andrea Camilleri
1390.**O cão de terracota** – Andrea Camilleri
1391.**Resumo da ópera** – A.S. Franchini
1392.**Doidas & santas** – Martha Medeiros
1393.**Quem diria que viver ia dar nisso** – Martha Medeiros
1394.**Assassinato no beco** – Agatha Christie
1395.**Vidas secas** – Graciliano Ramos
1396.**O roubo da joia no Grand Metropolitan e outras histórias** – Agatha Christie

lepmeditores

www.lpm.com.br

o site que conta tudo

IMPRESSÃO:

PALLOTTI
GRÁFICA

Santa Maria - RS | Fone: (55) 3220.4500
www.graficapallotti.com.br